Robert Gonzales

Ein Leben in Mitgefühl

Robert Gonzales

Ein Leben in Mitgefühl

Inspirationen für eine tiefe innere Verbundenheit und Erfüllung

Aus dem Amerikanischen übersetzt
von Ina Tegeder und Nadine Helm

arbor

Arbor Verlag
Freiburg im Breisgau

Die Originalausgabe erschien unter dem Titel:
*Reflections on Living Compassion –
Awakening our Passion and Living in Compassion*

2. Auflage 2021

Korrektorat: Klaus Kramer
Druck und Bindung: Eberl & Kœsel, Krugzell
Hergestellt von mediengenossen.de

Dieses Buch wurde auf 100% Altpapier gedruckt und ist alterungsbeständig. Weitere Informationen über unser Umweltengagement finden Sie unter www.arbor-verlag.de/umwelt.

www.arbor-verlag.de

ISBN 978-3-86781-167-5

Wichtiger Hinweis
Die Ratschläge zur Selbstbehandlung in diesem Buch sind vom Autor sowie dem Verlag sorgfältig geprüft worden. Dennoch kann eine Garantie nicht übernommen werden. Bei ernsthafteren oder länger anhaltenden Beschwerden sollten Sie auf jeden Fall einen Arzt, Psychotherapeuten, Psychologen oder Heilpraktiker Ihres Vertrauens zu Rate ziehen. Eine Haftung des Autors oder des Verlages für Personen-, Sach- und Vermögensschäden ist ausgeschlossen.

Einleitung

Das nun Folgende biete ich mit der Absicht an, dass es als eine Meditation empfangen werden möge, als eine Praxis des inneren Befragens und Lauschens oder als Gebet. Die Worte weisen auf das innere Terrain unseres Seins hin und sind eine Einladung, unser Erleben zu erforschen. Ich lade dich ein, über die einfache intellektuelle Reichweite der Worte hinaus zu gehen und das tiefere Wissen deiner eigenen Innenwelt zu erfahren.

Überblick

Als mein eigenes Erforschen der Gewaltfreien Kommunikation und der Spiritualität im Laufe der Jahre immer tiefer ging, tauchte in mir eine Klarheit über Wege auf, wie die tägliche Praxis eines Lebens im Mitgefühl mit uns selbst und in Beziehung mit Anderen kultiviert werden kann – von Tag zu Tag, von Moment zu Moment. Diese Praxis hüllt das ganze Leben und alles, was sich darin offenbart, in Mitgefühl.

Meine eigene tiefe Praxis des nach innen Spürens und Lauschens in der Begegnung mit dem Leben, hat mich dahin geführt, konkrete Wege zu entwickeln, *die Fülle und den Fluss des Lebens* als tägliche spirituelle Praxis zu leben – ich nenne es Leben im Mitgefühl.

In unserer Essenz sind wir lebendige Wesen im Fluss des Lebens. Wir sind in einer Art Strom, gleich eines elektrischen Stromes, wenngleich der Lebensstrom viel größer und tiefer ist. Dieser Lebensstrom ist eine Erscheinungsform unseres Seins. Er ist unser Leben, das sich durch Liebe bewegt.

Gelebtes Mitgefühl ist die Sprache des Herzens und ein Weg, in tiefe Authentizität hinein zu reisen. Wir können jedoch nur wirklich die Sprache des Herzens leben, wenn wir auch Zugang zum Herzen haben.

Wir können die Sprache des Herzens auf verschiedenen Ebenen einüben, beispielsweise indem wir die Sprache, Empathie und andere Fertigkeiten erlernen. Wir werden aber weiterhin an unseren inneren Schutzstrukturen festhalten, bis wir, durch Heilung, in unser Herz gelangen. Der Weg für diese Heilung führt über Mitgefühl und Selbstmitgefühl und den ihnen innewohnenden Qualitäten bedingungsloser Akzeptanz und Präsenz.

Eine zweifache Lebenspraxis

Es gibt zwei grundlegende und umfassende Vorgänge im Leben.

Der eine ist die Lebenskraft. Der zweite ist das, was die Lebenskraft blockiert.

Wir haben die Tendenz, unsere Blockaden und die, die wir in anderen sehen, zu verurteilen und sie als Feind zu betrachten. Die Arbeit des Mitgefühls besteht darin, der Blockade mit Neugierde,

Offenheit, Fürsorge und Wärme zu begegnen und sie willkommen zu heißen. Mitgefühl betrachtet alle Blockaden als Leben, das sich nach Erfüllung sehnt.

Die fünf Kernprinzipien des Lebens im Mitgefühl

Die fünf Kernprinzipien des Lebens im Mitgefühl sind eine grundlegende Neuausrichtung des Lebens hin zur Schönheit.

1. Es gibt nur eine Lebensenergie/Lebenskraft.
2. Lebensenergie bewegt sich innerhalb des Menschen und durch ihn hindurch. Jede Handlung ist Ausdruck dieser Lebensenergie. Die Lebensenergie manifestiert sich und wird dem Herzen durch ein Sehnen nach gelebten Qualitäten, die sich als Werte und Bedürfnisse ausdrücken, offenbar.
3. Alles Leiden ist ein Resultat des Blockierens des Lebensstromes. Leiden wird durch lebensentfremdendes* Denken und Sprechen bedingt.
4. Mitgefühl befreit die Energie, die im Leiden eingeschlossen ist. Mitgefühl betrachtet alle Blockaden als Leben, das sich nach Erfüllung sehnt.
5. Wenn Lebensenergie freigesetzt wird, fließt sie natürlich mit dem Leben; sie sucht Verbundenheit, drückt sich kreativ aus, ist gelebte Freude, Liebe, Dienen, Mitgefühl und ist Handeln und Sein in Einklang mit dem „Fluss des Lebens".

---

* Anm. d. Übers.: engl. Original „life-alienating"; zu verstehen als: sich vom Leben abkehren, Entfremdung vom inneren Leben

Göttliche Lebensenergie in Bedürfnissen

Tritt ein in die Schönheit der Bedürfnisse und du betrittst das Leben. Ein grundlegender Lebensstrom, ein Lebensimpuls schwingt in uns und strömt als Sehnsucht des Herzens durch uns durch.

Dieser Strom manifestiert sich als menschliche Bedürfnisse.

Bedürfnissen wohnt ein Leuchten inne, eine strahlende Energie.

Die Energie meiner Bedürfnisse zu fühlen und zu leben, ist, was ich möchte. Wir alle möchten das. Die spirituelle Praxis besteht darin, diese strahlende Energie bewusst in alle Beziehungen zu bringen.

Bedürfnisse sind das Tor zur Seele

Bedürfnisse sind der Zugang zu Spiritualität im Leben und um unser Sein in Beziehung mit anderen zu teilen. Sie sind Ausdruck oder Aspekt des Göttlichen Lebens in uns. Bedürfnisse entspringen dem Leben und drücken die Voraussetzungen aus, die notwendig sind, damit das Leben in sich selbst Erfüllung finden und sich nähren kann. Wenn wir mit der Qualität der Energie eines Bedürfnisses verbunden sind, erleben wir seine Schönheit.

Absicht

Meine Absicht ist es, soviel ich kann aus der Energie der Schönheit der Bedürfnisse zu leben. Wenn ich aus dieser Energie lebe, bin ich im Lebensfluss.

Das Leben, das nach Leben ruft

Der Kern jeden Ausdrucks, egal wie schwer er zu hören ist, ist im Grunde das Leben selbst – Leben, das nach Leben ruft. Wenn ich das erleben kann, nicht als mentales Konzept, sondern in einer vollkommen gefühlten, körperlich entspannten Haltung, dann ist dies die gelebte Essenz der Gewaltfreiheit und wirklichen Mitgefühls.

Transformation vom Denken ins Sein

Ob ein Bedürfnis erfüllt ist oder nicht, hat keinen Einfluss auf seine Schönheit. Anstatt unsere Bedürfnisse zu überwinden, nähern wir uns dem Schmerz unerfüllter Bedürfnisse mit Mitgefühl und erzeugen den Raum für Transformation in die den Bedürfnissen innewohnende Schönheit.

Transformation ist keine Verlagerung von einem Glaubenssatz zu einem anderen Glaubenssatz. Sie ist mehr als eine Übersetzung einer Erfahrung in eine andere Perspektive. Ein Beispiel für eine solche Übersetzung könnte sein, dass ich mir selbst Folgendes sage: „Jeden Tag und in jeder Hinsicht werde ich immer besser und die Leute mögen mich!“ Vielleicht glaube ich das und fühle mich zeitweise auch besser. Aber das Zentrum meines Bewusstseins bleibt dann immer noch an einem Modus des Denkens und Glaubens ausgerichtet.

Freude

Transformation bedeutet eine Veränderung von einem getrennten, hauptsächlich im Denken verankerten Modus in einen Modus präsenter, verkörperter Lebendigkeit. Aus diesem Ort verkörperter Lebendigkeit heraus möchte ich, soviel ich kann, leben. Denn dort spielt das Leben, dort wird unsere wahre Natur lebendig. Das ist Freude.

Mitgefühl und Selbstmitgefühl

Mitgefühl ist das öffnende, willkommen heißende, nicht-wertende, Raum gebende Gewahrsein des Herzens. Wenn wir diese Qualität des Seins entdecken und uns für sie öffnen, dann leben wir Mitgefühl.

Reaktivität umarmen

Es ist eine radikale Veränderung, jede Reaktivität, die wir erleben, zu umarmen und sie nicht zum Feind zu machen. Anstatt zu sagen: „Ich muss darüber hinwegkommen, es loswerden" oder „Ich muss das heilen", wenden wir uns unserer Reaktivität zu und betrachten sie als Lebensenergie, die sich in uns ausdrückt und sagt: „Sieh mich, lass mich zu." Unsere Befreiung, unsere Freiheit liegt darin, uns unseren größten Ängsten mit einem zulassenden Gewahrsein zuzuwenden. Uns auf diese Weise dem zuzuwenden, was wir als Hindernis in unserem Leben wahrnehmen, ist ein Akt des Selbstmitgefühls.

Die innere Enge entfaltet sich

Lebensentfremdendes Denken führt zu einem Erleben innerer Enge, emotional und physisch. Unser Denken zu umarmen beinhaltet, dass wir uns unserem inneren Erleben aus einer Haltung der Weite und des Zulassens heraus nähern. Dies öffnet den Raum und erlaubt der zusammengezogenen und angespannten Lebensenergie, die in der Enge gefangen ist, sich zu entfalten und zu lösen.

Wenn ich urteile, ist das immer ein Ruf danach, die Weite und den Raum des Mitgefühls mir selbst gegenüber zuzulassen.

Bedürfnisse, seien sie erfüllt oder unerfüllt, lösen Gefühle und Gedanken aus, die uns führen können. Wenn wir uns ihnen mit unseren Fähigkeiten und unserer Fürsorge zuwenden, helfen sie uns, die wunderschöne Lebenskraft, die sich in unserem Gewahrsein als Bedürfnis manifestiert, zu erkennen und zu erfahren.

Ursachen des Leidens

Es passiert so leicht, dass wir uns in einem Strudel der Abgeschnittenheit, einem Strudel des Leidens verfangen. Mein Leiden wird nicht durch das, was ich beobachte, sehe und höre verursacht. Mein Leiden wird durch das verursacht, wie ich innerlich auf jedweden beliebigen Auslöser reagiere. Und dadurch, was ich mit dieser Reaktion mache. Es gibt zwei Schichten reaktiven Verhaltens. Die eine Schicht entspricht dem, was wir unsere Urteile, Ängste und Geschichten nennen – aber die subtilere Schicht besteht aus dem Widerstand, den wir gegenüber unserem eigenen reaktiven Denken und Fühlen ausüben.

Selbstgewahrsein

Dem Mitgefühl wohnt eine Qualität der Weite inne. Im schlichten Gewahrsein gibt es ein Zulassen.

Wenn wir Schmerz erleben oder Angst haben und uns der Weite unserer eigenen Präsenz gegenüber öffnen können, kann sich der verletzte Teil in uns so sehr entspannen, dass er sich ausdrücken und dem tiefen inneren Leben begegnen kann.

Akzeptanz

Vielleicht gibt es einen Teil in dir, der auf irgendeine Art und Weise Veränderung möchte, der nicht damit einverstanden ist, wie du bist. Meine Hoffnung ist, dass du bemerkst, dass du diesem Teil Akzeptanz und Mitgefühl entgegenbringen kannst, anstatt zu versuchen, ihn zu verändern. Dieser Teil von dir ist nichts anderes, als die Sehnsucht danach, einfach du selbst sein zu dürfen und geliebt zu werden, so, wie du bist, ohne zu denken, dass du dafür etwas bestimmtes sein oder tun müsstest.

Zartheit

Im Herzen des Selbstmitgefühls befindet sich die Sehnsucht nach Zartheit. Wir alle sehnen uns danach, mit diesem zarten, unschuldigen Teil von uns verbunden zu sein. Was uns in dieser Welt immer wieder begegnet, ist ganz anderes als diese Zartheit und Unschuld. Es ist etwas Steifes und nicht Lebendiges. Etwas, was unsere Bedürfnisse nicht erfüllt. Es entspricht nicht der Qualität, nach der wir uns aus tiefstem Herzen so sehr sehnen.

Bedingungslose Akzeptanz

Paradoxerweise entfalten sich Heilung und Wachstum ganz natürlich, wenn wir uns wahrhaftig akzeptiert und so geliebt fühlen, wie wir sind. Es passiert nicht, weil wir versucht haben zu heilen und zu wachsen, sondern weil bedingungslose Selbstakzeptanz ein natürliches Fließen der lebendigen Energie – der Essenz dessen, wer wir sind – zulässt.

Wenn wir in der Lage sind, in der Schönheit und Wärme bedingungsloser Selbstakzeptanz und bedingungslosen Vertrauens zu ruhen und zu verweilen, suchen wir nicht im Außen nach etwas, um unser inneres Wohlbefinden zu steigern. Wir handeln dann nur, um in unseren Interaktionen ebensolche Räume entstehen zu lassen, in denen Begegnung auf diese Weise möglich wird.

In meinen eigenen Momenten des Abgeschnittenseins erlebe ich, wie absolut einvernehmend und durchdringend die Reaktionen und das lebensentfremdende Denken sind. Ich erkenne, wie tiefgreifend und automatisch ich diesem Denken verfalle. Jeder Moment der Trennung ruft nach Akzeptanz.

Mitfühlende Weite befreit von Leiden

Wenn wir uns unserer inneren Enge einfach zuwenden, mit ihr sind und nicht versuchen, sie aufzulösen, schafft dies ganz allein eine innere Weite. Die Verhärtung in unserem Erleben, die wir versuchen zu lösen, sehnt sich, mehr als alles andere, nach Weite und Raum. Sie möchte sein, sie möchte sich öffnen, sie möchte fließen. Keinesfalls möchte sie bearbeitet, manipuliert oder repariert werden. Sie möchte noch nicht einmal, dass wir ihr „empathisch begegnen", damit sie sich in etwas anderes wandelt. Wenn die Verhärtung unseres inneren Leidens in der Gegenwart der Weite und des Raumes ist, den Mitgefühl offenbart, wird das kostbare Leben, das dem leidenden Zustand innewohnt, aus der Gefangenschaft jener Enge befreit.

Die Sprache des Körpers

Mein Körper sagt mir, wenn ich nicht im Lebensfluss bin. Dann spüre und fühle ich verschiedene Formen von Anspannung und Enge in mir. Ich fühle mich taub und unbewusst. Vielleicht erlebe ich einen verhärteten inneren Zustand voll Sorge, Angst oder Wut. Dies kann ich als ein wichtiges Signal nutzen, um mein Gewahrsein darauf zu lenken, Selbstmitgefühl zu praktizieren.

Gegenwärtig im jeweiligen Moment

Mein Körper hilft mir dabei, präsent zu sein. Wenn ich versuche, aus einer Vorstellung heraus präsent zu sein, ist es viel schwieriger. Mein Körper ist ein wirklich gutes Messinstrument, das mich wissen lässt, beinahe unmittelbar, ob es ein Zurückhalten, eine Reaktivität, eine Enge, eine Anspannung oder eine Verhärtung in mir gibt. Dies sind fast immer Hinweise darauf, dass ich nicht so bewusst und mit meinem Herzen verbunden bin, wie ich es sein kann.

Ich habe die Absicht, immer in der Energie meines Körpers präsent zu sein – meinem Atmen und meinem Spüren. Ich kann nur im gegenwärtigen Moment atmen. Ich kann über die Zukunft und Vergangenheit nachdenken, aber ich kann nicht in der Zukunft oder der Vergangenheit atmen.

Verlangsamen, um präsent zu sein

Eines der wichtigsten Dinge, um präsent zu sein, ist es, zu verlangsamen. Der Lebensstrom fließt durch den Körper. Wenn wir entspannt sind, werden wir ganz natürlich langsamer und wenn wir angespannt und gestresst sind, uns innerlich zusammengezogen und eng fühlen, gibt es die Tendenz, sehr schnell zu sprechen und zu handeln.

Es ist sehr leicht in die automatische oder gewohnheitsmäßige Tendenz zu verfallen, alles sehr schnell zu machen. Ich möchte das in Erinnerung behalten, um mit mir selbst und mit anderen in Verbindung zu treten. Dies gelingt mir sehr viel besser, wenn ich verlangsame und mich daran erinnere, in den gegenwärtigen Moment des Lebens hinein zu atmen, ganz gleich, ob es das Leben ist, das *mich* durchströmt oder das Leben, welches in der Interaktion lebendig wird.

Der Körper fühlt die gegenseitige Präsenz

Durch den Körper spüren wir unsere gegenseitige Präsenz. Wir fühlen die Energie der Liebe physisch durch unseren Körper.

Dabei hilft uns ein tiefes, intuitives Vertrauen, ein Eintauchen in unsere eigene Erfahrung und die Absicht, mit unserem

Gegenüber präsent zu sein und uns in einer körperlich gefühlten, im Herzen zentrierten Präsenz zu erden.

Mitgefühl

Mitgefühl ist lebendiges Gewahrsein – und nicht bloß eine gedankliche Vorstellung. Es ist eine Erfahrung, die in und durch den Körper, durch das Herz des Körpers gelebt wird.

Die Qualität und lebendige Wirklichkeit des Mitgefühls sind mehr als etwas, das ich fühle. Es ist mehr als die Art von Wärme, die durch Fürsorge entsteht, die ich für jemanden empfinde. Es ist mehr, als die Bedürfnisse von jemandem zu sehen, der in Not ist und etwas zu tun, das ihn unterstützt. Es ist ein vorausgehender Zustand. Es ist eine vorrangige Realität. Es ist eine Qualität, ein Gewahrsein, das lebendig und präsent ist, aus dem heraus mitfühlendes Handeln und Sprechen entstehen.

Qualitäten des Mitgefühls

Es gibt gewisse Qualitäten, die Mitgefühl innewohnen: Neugier, Offenheit, die tiefe Fürsorge des Zulassens und ein entspanntes Wissen um Vertrauen. Mitgefühl und Selbstmitgefühl sind keine Techniken oder Methoden. Sie sind eine Art und Weise dem Leben zu begegnen, die immer auf Fülle bedacht ist.

Durch diese Art der Arbeit werden drei vordergründige Qualitäten entwickelt.

Klarheit

Die erste Qualität ist eine erlebensmäßige Klarheit, die auch eine kognitive Klarheit beinhaltet: Ich bin in der Lage, zu erkennen, dass alle meine Gedanken, alle meine Bewertungen, alle meine Verurteilungen schlichtweg meinem denkenden Verstand entspringen und mein Erleben gefangen nehmen, wenn ich mich in ihnen verliere. Je mehr ich diese Art der Klarheit entwickeln kann, desto besser kann ich unterscheiden und mich nicht darin verfangen. Ich kann dann Beobachtungen und Fakten eindeutig als solche wahrnehmen und verwickle mich nicht in der Geschichte, die ich mir selbst über sie erzähle. Klarheit ist die Grundlage für Mitgefühl und Empowerment.

Mitgefühl

Aus ersterem entwickelt sich die zweite Qualität, das Mitgefühl. Erst, wenn ich Klarheit habe, habe ich die innere Weite des Herzens, um den mitfühlenden Raum zu spüren – die Wärme, die Tiefe, die Liebe des Mitgefühls. Mitgefühl tritt aus Klarheit hervor, weil es den Raum braucht, den Klarheit bereitstellt. Wenn ich im Mitgefühl bin, habe ich das Vermögen zu Trauern. Mitgefühl lässt alles zu. Es lässt Schmerz zu, es erlaubt meinem Herzen, sich zu öffnen. Es ermöglicht mir innerlich, an einem offenen, verletzlichen, zarten Ort zu sein.

Empowerment

Auf für den Verstand beinahe paradoxe Weise erwächst daraus Stärke. Aus meiner Verletzlichkeit tritt eine wahrhaftige Stärke hervor, die ermächtigt. In diesem Herzen, in dieser Verletzlichkeit befindet sich meine Authentizität.

Das bestärkt mich, so zu leben, wie ich das Leben leben möchte; so, wie mich das Leben in meinem Inneren auffordert, zu leben.

Das Herz des Selbstmitgefühls

Der Wärme und Fürsorge des Mitgefühls geht eine Weite voraus, die den grundlegenden Lebensimpuls in uns sowie den grundlegenden Lebensimpuls universeller menschlicher Lebensenergien oder Bedürfnisse in anderen erkennt.

Das Herz des Selbstmitgefühls erreicht ein Verständnis, das weit über ein intellektuelles Verstehen hinausgeht. Wenn wir an einen Ort kommen können, von dem aus wir uns selbst mit Mitgefühl betrachten, entspannt sich der Teil in uns, der glaubt, dass wir uns so dringend verbessern müssten.

Je mehr wir uns auf diese „Arbeit" des Selbstmitgefühls einlassen, sind wir uns selbst gegenüber paradoxerweise gleichzeitig weicher, akzeptierender und unerschütterlicher ehrlich gegenüber dem, was wir denken, fühlen und brauchen.

Die Liebe des Herzens

Diese Arbeit entspringt aus der Vision unendlicher, geheimnisvoller, gänzlicher, absoluter Liebe, die durch das menschliche Herz hindurch kommt und der Arbeit daran, wie wir uns, das Mysterium unserer Individualität einbeziehend, dem inneren *Knoten aus Angst* auf unerschütterlich selbstmitfühlende Art und Weise nähern können. Dies ist heiliger Boden.

Heilige Arbeit

Dem *Knoten aus Angst* in uns und miteinander näher zu kommen, ist eine geweihte, heilige, wunderschöne Lebensaufgabe. Es ist die Arbeit des Mitgefühls. Sie erfordert eine enorme Menge an Mut. Und es ist nicht notwendig, dass wir es alleine tun. Ich bin entspannt, wenn ich mich daran erinnere, dass ich andere um Unterstützung bitten kann.

Was auch immer an Leben in mir auftaucht, es ist von Natur aus wertvoll. Ich erlaube mir, es zu fühlen. Ihm wohnt eine Gültigkeit und ein Wert inne – alleine, weil es Leben ist, was in mir entsteht.

Dies ist besonders bedeutsam, wenn wir uns den Teilen in uns zuwenden, mit denen es wirklich schwer ist, zu sein, die schmerzhaft sind. Jeder dieser Teile ist Leben, das vibriert, sich nach etwas ausstreckt, sich erfüllt. Mitgefühl ist der einzige Weg, wie wir ihm begegnen und dem inneren Leben erlauben können, so zu erblühen, wie es erblühen möchte.

Emotionaler Schmerz

Ein großer Teil unserer kulturellen und sozialen Konditionierungen hat uns gelehrt, uns von emotionalem Schmerz fernzuhalten, unsere Herzen daran zu hindern, aufzubrechen.

Mein konditionierter Verstand erzählt mir, dass mein emotionaler Schmerz schlecht und falsch ist und ich will, dass er aufhört und ich mich besser fühle. Dies ist uns zur Gewohnheit geworden. Aber aus der Betrachtungsweise des Mitgefühls und der Absicht heraus, in volles Bewusstsein und in Lebendigkeit zu kommen, ist emotionaler Schmerz eine Chance. Das Leben in mir möchte etwas. Etwas in mir ist nicht verbunden mit seiner Fülle, wenn ich an mich halte und angespannt bin. Es gibt ein Sehnen in mir. Wenn wir mit einem offenen Herzen leben, leben wir in Fülle. Wir bringen unsere gesamte Authentizität in unsere Beziehungen und in das ganze Leben.

Emotionalen Schmerz umarmen

Wenn ich emotionalen Schmerz erlebe, gehe ich in meine körperliche Erfahrung hinein und atme einfach. Ich nehme wahr, ob es irgendwelche urteilenden Gedanken in mir gibt, oder eine Geschichte, die ich um den sich zusammenziehenden Schmerz herum webe.

Ich bemerke, ob es einen Teil in mir gibt, der will, dass dieser Schmerz verschwindet, der ihn in Ordnung bringen will – der etwas anderes will als vollständige und bedingungslose Akzeptanz dessen, was in mir ist. Diese Art der Selbstprüfung offenbart, ob ich etwas in mir verdränge, wegstoße oder ablehne.

Schönheit der Lebendigkeit

Wenn wir uns dem Kern verhärteter, schmerzhafter Erfahrungen wie Wut, Angst oder Überwältigung mit sanfter Offenheit nähern, werden wir bemerken, dass die Anteile, die sich zuvor der Lebendigkeit verwehrt haben, dann zu entspannen beginnen.

Dieser Anspannung wohnt ein kostbares Leben inne. Es ist nicht lediglich etwas, was wir durchstehen oder es überwinden müssen. Wir wenden uns ihm zu, weil ihm eine kostbare Lebendigkeit innewohnt.

Wenn etwas passiert und ich merke, dass ich gereizt bin, atme ich voller Selbstmitgefühl und lasse die Energie in mir zu, die ich als ein Urteilen über die andere Person interpretiere. Ich bemühe mich, die Energie zu spüren und zuzulassen. Ich folge dem Energiefluss meines Urteils, um zu meinen Bedürfnissen zu kommen.

Selbstfürsorge

Es gibt zwei Arten von Selbstfürsorge: innere Fürsorge und äußere Fürsorge.

Äußere Fürsorge

Äußere Fürsorge beinhaltet Handlungen oder Verhalten, die gut für deinen Körper, Verstand oder Geist sorgen. Zum Beispiel, wenn du dafür Sorge trägst, dass du dich genug ausruhst, dir eine Massage gönnst oder dir selbst Zeit und Raum für einen Spaziergang in der Natur gibst.

Innere Fürsorge

Innere Fürsorge bedeutet Selbstmitgefühl. Es tritt in unser inneres Erleben als ein Gefühl der Wärme und Akzeptanz und löst den Knoten verhärteter Angst, Wut, Einsamkeit und anderer Formen des Leidens.

Wir haben eine Wahl

Verzweiflung stellt uns vor eine Wahl. Wir können wählen, gestärkt aus unserer Erfahrung hervor zu gehen, indem wir unser Erleben mit unserem Herzen verbinden und uns dem Zentrum unserer Sehnsucht öffnen. Unser Erleben kann uns aber auch unserer Kraft berauben, uns durch unsere urteilenden Gedanken einengen und häufig zu Niedergeschlagenheit oder Depression führen. Welche Wahl wir treffen, hängt von unserer Fähigkeit ab, uns mit uns selbst mitfühlend verbinden zu können.

Sanftheit und Akzeptanz

Selbstmitgefühl bedeutet uns selbst und unserer inneren Erfahrung aus einer Weite und einer Qualität des sanften Zulassens heraus zu begegnen. Der Weg des Selbstmitgefühls unterscheidet sich vollkommen von unserer gewöhnlichen Neigung, Dinge überwinden, sie in Ordnung zu bringen oder weghaben zu wollen. Mitgefühl lässt zu. Wenn wir zulassen und wenn sich die innere Anspannung, der Knoten in uns zu entspannen beginnt, dann kann sich unser Gewahrsein entfalten. Dies ist der Anfang des Prozesses der Transformation.

Verlangsamen

Wenn es darum geht, uns unserem Innenleben mit Mitgefühl zuzuwenden, kann ich die Bedeutung des Verlangsamens gar nicht genug betonen: zu verlangsamen, zu atmen und behutsam das Pulsieren des Lebens zu spüren, wie es sich in uns und durch uns durch bewegt.

Es sind hauptsächlich unsere Gedanken über die gefühlte Energie, die den Energiefluss blockieren. Besonders schwierig ist es vor allem dann, wenn wir uns der Gedanken nicht bewusst sind.

Ehrlichkeit und Liebe

Selbstverurteilende Stimmen haben immer eine lebensdienliche Absicht. Im Falle von Traumata geht es dabei normalerweise um Schutz und darum, Überleben zu sichern. Von außen kommende Impulse werden als Missbilligung interpretiert und als Wegfall von Liebe bzw. Liebesentzug verstanden. Was wir als Menschen mehr als alles andere auf der Welt brauchen, ist, von Liebe umgeben zu sein, Liebe leben zu können. Liebe schafft den Raum, in dem Authentizität gedeihen kann, erlaubt Lernen und Entwicklung.

Sei präsent

Wenn ich nicht im Lebensfluss bin, dann liegt dies daran, dass – vielleicht unbewusst – irgendeine Art reaktives Denken in mir vor sich geht. Ich möchte in der Lage sein, dieses abgetrennte Denken oder die innerlich ablaufende Geschichte zu erkennen und sie in Leben zu verwandeln, in ein Herz, das offen ist, von Moment zu Moment.

Wenn mir das gelingt, dann bin ich viel präsenter. Wir können nur im gegenwärtigen Moment etwas fühlen. Wir können nichts in der Vergangenheit fühlen. Wir können auch nichts fühlen, das in der Zukunft liegt. Wir verlieren uns in unseren Gedanken über die Vergangenheit oder die Zukunft, die nicht im gegenwärtigen

Moment, Hier und Jetzt stattfindet. Und als nächstes verlieren wir uns, aufgrund der Projektionen unserer Gedanken, in Angst, Furcht, Sorge oder Hoffnungslosigkeit.

Der entscheidende Punkt besteht darin, zu bemerken, dass unser Denken nicht in unserem Körper oder unseren Gefühlen stattfindet. Unsere Praxis besteht darin, zu bemerken, wenn wir nicht im gegenwärtigen Moment sind und uns dann in die Lebendigkeit des gegenwärtigen Momentes zurück zu bringen, denn das ist alles, was es gibt.

Tief in unserem Herzen haben wir einen Nachklang der Anwesenheit unseres wahren Selbst. Wir können uns erlauben, dieser gefühlten Energie, dieser Bewegung zu folgen – dem Fluss des Lebensstromes, der durch uns fließt. Wenn wir zulassen, diese Energie ohne eine Geschichte drum herum oder eine Interpretation einfach nur zu fühlen, dann können wir im Lauf jenes Flusses ruhen. Was dann hervortritt, sind tiefere Weisheit und ein tieferes Gewahrsein.

Authentizität

Zugang zu der tiefen Authentizität dessen zu haben, was ich reines Fühlen und reine Bedürfnisse nenne, ohne eine Geschichte oder bewertendes Denken hinein zu mischen, ist ein Ausdruck des Seins.

Uns selbst zu befreien bedeutet, jede Art von Enge, die wir erleben mögen, mit Mitgefühl zu sehen und zu fühlen. Durch den weiten Raum der Präsenz lasse ich die Lebensenergie zu und befreie sie aus dem engen Knoten, in dem sie durch entfremdendes Denken gefangen gehalten ist.

Zulassen

Die Praxis tiefen Selbstmitgefühls liegt darin, allem, was in unserem Innern geschieht, mit einer inneren Weite des Zulassens zu begegnen. Wenn wir dies tun, entfaltet sich die Anspannung, Angst oder Wut und wir erleben uns in Verbindung mit dem Leben, das unter Verengungen bzw. in innerer Enge und Kontraktion verborgen liegt.

Körperenergie

Um zu tiefem Selbstmitgefühl zu kommen, werde ich präsent, trete mit mir und meinem Körper in Verbindung. Ich bringe meine Aufmerksamkeit zum Körper, der Energie, die ich im Körper spüre sowie hin zu jedweder Anspannung oder Enge, die ich im Körper wahrnehmen kann. Ich atme bewusst. Ich spüre die Körperempfindungen, die sich in meinem Körper bewegen, ohne dass ich sie notwendigerweise benennen muss. Ich fühle sie einfach. Nehme wahr, dass ich am Leben bin.

Ich erkenne das Denken, Geschichten, die ich mir erzähle, jegliche Glaubenssätze. Dann lausche ich der Sehnsucht und der Energie der Bedürfnisse, die hinter den Glaubenssätzen verborgen liegen. Ich erlaube dieser Energie, an die Oberfläche zu steigen und sich zu entfalten.

Mitfühlendes Gewahrsein

Mitfühlendes Gewahrsein bedeutet: „Ich möchte dich nicht verändern, ich möchte dich einfach einladen, hier zu sein und ich möchte präsent sein." Das ist Mitgefühl.

Der Heilungs- und Transformationsprozess durch Selbstmitgefühl ist ein lebendiger Prozess. Wir wissen nie, wie er sich entwickelt. Oft entwickelt er sich in ungeahnte Richtungen. Voraussetzung ist ein Vertrauen in unseren eigenen Lebensfluss und Vertrauen ins Leben.

Empathie empfangen

In der Praxis des Lebens in Mitgefühl ist Empathie zu empfangen das Element, welches für unsere innere Heilung nötig ist. Wenn wir durch Selbstempathie keinen Zugang dazu bekommen, dann ist die Gegenwart eines Anderen erforderlich. Häufig sind wir nicht in der Lage, uns selbst in unserer inneren Heilung zu unterstützen. Dann brauchen wir die Gegenwart eines Anderen, einer Gruppe oder Gemeinschaft. Deshalb sind die Gruppen, in denen wir zusammenkommen – Übungsgruppen, Workshops und Trainings – so essentiell für innere Transformation und innere Heilung.

Präsenz

Es ist wichtig, das Element der Präsenz zu verstehen. Wenn wir Selbstempathie üben, wenn wir in der Lage sind, zu beobachten, mit unserer schmerzhaften inneren Erfahrung und unseren unerfüllten Sehnsüchten zu sein und diese zu bezeugen, dann bringen wir die uns innewohnende Präsenz und unser inneres Erleben zusammen. Es ist die Qualität jener Präsenz, die Mitgefühl oder Selbstmitgefühl anwesend sein lässt.

Wenn wir unserem Schmerz Widerstand leisten, ist ein automatischer Abwehrmechanismus am Werk. Die Praxis des Selbstmitgefühls ist ein radikaler Wandel und eine Abkehr von Widerstand gegenüber uns selbst.

Empathie

In unseren Beziehungen können wir uns selbst und anderen die Präsenz des Mitgefühls durch Empathie zuteil werden lassen. Selbstmitgefühl ist noch kraftvoller, denn es schafft innere Stärke, Stabilität und die Klarheit, die durch die Verbindung mit unserer Authentizität entsteht. Je mehr wir dies für uns selbst tun können, desto besser können wir es auch für andere Menschen.

Selbstmitgefühl durch Akzeptanz

Selbstmitgefühl beginnt damit, anzuerkennen, dass Angst oder Wut eine Lebendigkeit beinhalten, die unsere Lebensenergie ist. Leben, welches nach dem Leben greift, ist die wahre Natur von Wut und Angst. Mitgefühl öffnet sich ihnen gegenüber, anstatt zu versuchen, sie zu überwinden oder durchzustehen.

Selbstmitgefühl ist das schlichte, Raum gebende Gewahrsein, das allem, was in unser Erleben tritt, die Möglichkeit gibt, einfach zu sein, ohne die Absicht oder Idee, dass die Erfahrung verändert, geheilt oder transformiert werden müsste. Jedes einzelne kleine Molekül oder Teilchen dieser Energie ist zutiefst kostbares Leben in uns, welches sich nach etwas ausstreckt und sehnt.

Diese Arbeit des Selbstmitgefühls dreht unser Bewusstsein vollständig herum, hin zu einer Lebendigkeit, aus der heraus wir, mit größerer Offenheit und mehr innerer Weite, handeln können. In den Momenten der Reaktivität, besteht die Praxis des Selbstmitgefühls größtenteils aus dem Üben eines inneren Gewahrseins und der inneren Weite bedingungsloser Akzeptanz.

Der Prozess des Selbstmitgefühls bietet einen Zugang, jenes grundlegende Muster – zu meiden, was in uns lebendig ist – zu transformieren. Selbstmitgefühl ist eine wunderschöne Praxis, um damit anzufangen, dieses kostbare innere Gewahrsein und die Authentizität zu entdecken und mit ihnen in Verbindung zu treten.

Leiden und natürlicher Schmerz

Es gibt einen Unterschied zwischen dem Mangelerleben eines Bedürfnisses und dem Trauern um die Schönheit eines unerfüllten Bedürfnisses. Wenn wir Mangel erleben, ist immer auch das Denken daran beteiligt. Bei der Trauer um die Schönheit eines unerfüllten Bedürfnisses, ist mein Gewahrsein bei meinem Herzen und ich fühle den natürlichen Schmerz, der immer auch Schönheit berührt.

Leiden und Trauern

Was ist der Unterschied zwischen Leid und Trauer?

Leiden ist eine Geschichte

Zu beiden Erfahrungen – Trauern und Leiden – gehört ein Verlust oder die Abwesenheit von etwas, das geschätzt wird oder kostbar ist. Beim Leiden gibt es immer eine Geschichte, die wir dem Verlust oder dem unerfüllten Bedürfnis hinzufügen. Leiden umfasst die Abwesenheit und das Ablehnen eben dieser Abwesenheit. Solch ein Ablehnen beinhaltet immer auch eine Geschichte oder Gedanken über den Verlust oder über unseren Schmerz.

Wir denken etwas wie: „Hört das denn niemals auf?" oder „Ich habe Angst, mich in dem Schmerz zu verlieren." Jedes Mal, wenn irgendeine Art des Denkens mit unserem emotionalen Schmerz verknüpft ist, sind wir vom reinen Fühlen getrennt. Egal, was wir denken oder welche Geschichte wir uns über unseren Schmerz erzählen, es hält uns davon ab, den Schmerz vollständig zu fühlen.

Trauern ist natürlicher Schmerz

Bei natürlichem Schmerz gibt es keine Geschichte. Es öffnet sich einfach nur das Herz einem Bedürfnis gegenüber, das sehr geschätzt wird und in einer Situation nicht erfüllt wurde. Beim Trauern wird diese Abwesenheit mit dem gleichzeitigen Bewusstsein über die Kostbarkeit dessen, was so geschätzt wird, gehalten.

Trauern als eine spirituelle Praxis

Trauern ist ein zentraler Teil spiritueller Praxis. Wenn uns etwas kostbar ist und keine Erfüllung findet und wir uns erlauben, was auch immer an schmerzhaften Gefühlen da ist, offen und Raum gebend zu fühlen, dann fühlt sich auch unser Herz offen an. Wenn dies geschieht, spüren wir eine tiefe Trauer. Es ist dabei wesentlich, dies in einer Art und Weise zu tun, die uns erlaubt, reines Fühlen oder reines Trauern mit einem Bewusstsein über die Anwesenheit der Fülle dessen, was uns so kostbar ist, zu halten.

Trauern ist authentisch

Trauer ist mehr als einfach nur ein Gefühl, das mit Verlust in Verbindung steht.

Wahrer Kummer und wahre Trauer sind ein Bewusstsein. Sie berühren etwas, was uns kostbar ist. Wir sind traurig, weil es etwas gibt, das in unserem Herzen als Sehnsucht lebt, in unserem Leben jedoch abwesend ist. Wir berühren etwas, das wir schätzen, etwas Kostbares, eine Qualität, wie beispielsweise Fürsorge, Gesehen werden, Liebe, Unterstützung, vielleicht unsere eigene Integrität. Etwas, das Schönheit in sich trägt. Die „Gegenwart der Abwesenheit" ist äußerst wichtig beim Trauern. Solange wir uns der Schönheit dessen, worum wir trauern nicht bewusst sind, können wir nicht vollständig trauern.

Feiern im Trauern

Dem Trauern wohnt immer auch ein Feiern inne. Dies ist eine Form von Dankbarkeit. Wir berühren und fühlen etwas, was uns wichtig ist. Wir halten seine ganze Schönheit mit offenem Herzen. Wir ehren es. Zugleich beinhaltet diese Art spiritueller Praxis das Vermögen, eine ebenso tiefe Traurigkeit aus offenem Herzen heraus zu spüren, während wir zeitgleich mit der Schönheit und Dankbarkeit verbunden sind. Innerlich an diesem Ort zu sein, ist unglaublich.

Lebendigkeit anerkennen

Sowohl Feiern als auch Trauern sind Wege, unsere Lebendigkeit und unsere Beziehung zum Lebensstrom anzuerkennen. Zentral für beide Wege ist der Lebensstrom selbst. Beide Wege sind wichtig, um ein vollkommenes Leben in Präsenz zu leben.

Verlangsamen

Trauern in jener tiefen Art und Weise, wie ich es erfahren habe, erfordert ein Verlangsamen des Erfahrungsprozesses, um alle Trauer, die in meinem Herzen ist, auf offene, weite und liebevolle Weise zulassen zu können.

Ich haste nicht hindurch, nach dem Motto: „Gut, jetzt kenne ich meine Gefühle und Bedürfnisse, jetzt fühle ich mich schon besser, nun werde ich etwas tun." Es geht darum, den Prozess zu verlangsamen, um mir selbst zu erlauben, mit der Fülle meiner Erfahrung zu sein, selbst wenn sie schmerzhaft ist.

Energie der Bedürfnisse

Sind wir mit der Energie eines Bedürfnisses verbunden, so wird es in seiner Schönheit, unabhängig davon, ob es erfüllt oder unerfüllt ist, nicht beeinflusst. Vielleicht trauere ich um ein Bedürfnis, das nicht erfüllt ist, aber ich trauere um die Schönheit des Bedürfnisses an sich und nicht um den Verlust eines bestimmten Resultats in meinem Leben.

Mit Bedürfnissen auf diese Weise verbunden zu sein, hat transformierende Kraft – für uns selbst und unsere Beziehungen.

Schutzstrukturen

Auf der Suche nach bedingungsloser Liebe treten wir in dieses Leben ein. Wir alle haben im Kindesalter, besonders in jungen Jahren, Situationen erlebt, in denen uns eine Liebe entgegengebracht wurde, die weniger war, als bedingungslos. Nichts weiter ist vonnöten. In diesem Moment zieht sich die wunderschöne, unschuldige, von Natur aus liebevolle und kreative Kraft in uns vom Leben zurück und in sich zusammen. In Folge dessen schaffen wir Strukturen zu unserem Schutz, um unser Überleben, oder das, was wir dafür halten, zu sichern.

Um einen Zugang zu unserem Herzen zu finden, bedarf es innerer Heilung. Dafür ist es notwendig, dass wir uns unsere Schutzstrukturen anschauen und ihnen mit Präsenz und Mitgefühl begegnen.

Der Kern der Wunde

Ich glaube, dass wir alle Verletzung in uns tragen. Mit dieser ursprünglichen Verletzung ging eine Entscheidung einher, uns zu beschützen. Dieser Schutzmechanismus wird aktiviert, wenn uns im alltäglichen Verlauf unseres Lebens etwas triggert.

Das Wesen dieser Schutzmechanismen funktioniert so, dass sie sich selbst davor schützen wollen, Schmerz zu fühlen. Wir erschaffen Abwehrmechanismen, die in unserem Körper, unserem Geist und unserem Herzen aufrechterhalten werden, um uns davor zu bewahren, abermals Verletzung zu erfahren. Wir erschaffen Gewohnheiten und alle möglichen Strategien, um unseren Schmerz zu bewältigen oder ihn gar vollständig zu verleugnen.

Wir gehen einen Vertrag mit uns und mit dem Leben ein.

Das tragische an diesem Vertrag ist, dass bei dem Versuch unsere Lebendigkeit und Kreativität zu beschützen, wir uns selbst zurücknehmen. Wir erlauben uns nicht, mit anderen und dem Leben von dem inneren Ort heraus in Kontakt zu gehen, der sich für uns als am meisten zufriedenstellend und erfüllend anfühlt. Ganz und gar zu lieben und geliebt zu werden, erlauben wir uns nicht, weil wir uns schützen wollen. Dies ist der Kern all unserer Verletzung.

Überleben als Ziel

Das primäre Ziel von Überlebensstrukturen besteht darin, ihre eigene Existenz aufrecht zu erhalten. Diese Seite von uns verteidigt, kämpft, greift an, rebelliert, versucht recht zu haben oder versucht, alles beim Alten zu belassen. Eine ihrer Eigenschaften ist es, dass sie Beständigkeit sucht. Dieser Teil leistet Widerstand gegenüber Veränderung und fühlt sich mit dem Altbekannten wohl. Aus diesem Teil heraus suchen wir nach Dauerhaftigkeit und verweigern uns der Vergänglichkeit.

Mangelerleben

Es gibt ein grundlegendes Mangelerleben und ein beständiges Bemühen, diesen Mangel zu füllen. Es existiert ein kontinuierliches Gefühl des „Wollens" aus dem Mangel heraus oder das Gefühl von „nicht genug".

Der denkende Verstand

Den denkenden Verstand selbst verstehe ich als leeres Konstrukt. Und da er eben ein leeres Konstrukt ist, gibt es – bewusst oder unbewusst – etwas in uns, das diese grundlegende Inhaltslosigkeit oder den Mangel sowohl in dem spürt, womit wir uns selbst identifizieren als auch in den Vorstellungen über das Leben, mit denen wir identifiziert sind. Im Grunde erleben wir uns selbst als leer, wenn wir uns mit einem getrennt existierenden Verstand identifizieren.

Suche nach Leben

Was unsere grundlegende, zutiefst unbewusste Identifikation mit diesem leeren Konstrukt wirklich sucht, ist Leben. Wenn wir jedoch mit diesem Konstrukt identifiziert sind, suchen wir Lebendigkeit in etwas, was augenscheinlich außerhalb von uns zu finden ist. Dies führt zu einem Mangelerleben. Es entsteht dieses kontinuierliche Gefühl des Suchens und Wollens im Außen. Dieses Suchen ist eine geistige Aktivität. Es ist der Ursprung des Leidens.

Getrenntsein

Wenn wir aus einem Schutzmechanismus heraus handeln, gibt es ein Gefühl dessen, wer wir sind im Vergleich zu anderen. Es gibt eine energetische Trennung. Den anderen nehmen wir als grundlegende Bedrohung oder als Feind wahr, gegen den wir uns verteidigen müssen. Wir verteidigen unser inneres Erleben und beschützen unsere Verletzlichkeit. Der grundlegende Glaubenssatz, die grundlegende Identität, die dahinter liegt, lautet: „Ich bin getrennt." In meiner Wahrnehmung ist dieses Erleben so stark, dass es der Intensität physischen Überlebens gleichkommt. Auf einer gewisser Ebene sagt etwas in uns: „Wenn ich mich öffne, werde ich ausgelöscht, ich werde getötet."

Panzerung

Einige dieser Schutzstrukturen, die wir erschaffen, können die Form physischer oder emotionaler Panzerung annehmen: wir halten eine gewisse Anspannung in unserem Körper aufrecht. Wenn wir aus diesen Schutzstrukturen heraus handeln, lassen wir nicht zu, dass wir offen sind oder entspannt. Innerlich erleben wir dann ein Gefühl der Enge und emotional halten wir uns zurück. Wir fühlen uns nicht vollständig wohl, im Sinne: ganz und gar wir selbst – das heißt authentisch, lebendig und kreativ – zu sein. Wir gehen in den Widerstand. Auch dies ist Teil desselben Mechanismus. Diese Schutzstrukturen sagen uns: „Mache was immer du willst, aber fühl bloß den Schmerz nicht."

Erstarrte Angst

Ein Aspekt der Überlebens- und Schutzstrukturen besteht darin, dass wir uns, wenn wir in ihnen feststecken, in einer erstarrten Angst befinden können. Es gibt zwei Stufen der Angst: erstarrte Angst und verletzliche Angst.

Wenn wir innerlich an einem Ort sind, wo die Angst hart und zusammengezogen ist, dann handelt es sich um erstarrte Angst. Wenn wir mit den Schutzstrukturen identifiziert sind und uns nicht aus ihnen befreien können, scheint es so, als wäre etwas in unserem Erleben unbeweglich. In der Gegenwart von Mitgefühl fängt erstarrte Angst an, sich in verletzliche Angst zu verwandeln.

Mitgefühl mit Angst

Wenn es mir gelingt, jeden Knoten verhärteter Angst vollkommen mit Mitgefühl zu umarmen, findet Transformation einfach spontan und auf natürliche Weise statt. Es kann sich dabei um einen kleinen oder auch einen großen Knoten handeln. Wenn ich gereizt, wütend oder voller Angst bin, dann begegne ich diesem Erleben mit Mitgefühl und drücke ihm energetisch gegenüber aus: „Es ist okay, dass du da bist." Ich sage dies nicht als einen Gedanken oder eine Affirmation. Kommuniziert wird die Qualität schlichten Gewahrseins, welches sagt: „Was auch immer da ist, ist lebendig. Es ist."

Verletzliche Angst

Wenn wir von uns selbst oder anderen Empathie empfangen, beginnen die Schutzstrukturen, sich zu verändern. Erstarrte Angst fängt an, sich in verletzliche Angst zu verwandeln. Es ist immer noch Angst, aber etwas kommt in Bewegung und es steht mehr Energie zur Verfügung.

Verletzliche Angst, in meinem Erleben und so, wie ich sie in anderen Menschen wahrnehme, beherbergt eine Zartheit und Fragilität – die Fragilität des Lebens in uns. Wenn es uns gelingt einen Zugang zu ihr zu haben, liegt in ihr auch ein junger, unschuldiger Anteil von uns verborgen. Spüren wir in die Verletzlichkeit dieses jungen, unschuldigen Teiles in uns hinein, können wir wahrnehmen, dass es in ihm eine Sehnsucht nach etwas gibt. Der Teil in uns der Angst hat, sehnt sich nach Liebe. Es ist das Sehnen danach, zu wissen, dass das ihm kostbare, innewohnende Leben willkommen geheißen wird, mit einer Akzeptanz, ohne Urteil und aus einer Haltung heraus, die alles zulässt, was sich offenbart. Ich bin präsent mit der Kostbarkeit des Lebens, welches sich aus dem Kern der Angst entfalten mag.

Der Kern der Angst

Der Kern der Angst selbst ist eine Energie, die keinerlei Bezeichnung oder Namen trägt. Sie ist das Leben selbst, welches sich danach sehnt, gesehen und berührt zu werden.

Das Wesen des Selbstmitgefühls, so wie ich es verstehe und praktiziere, transzendiert die Angst nicht. Vielmehr gibt es darin ein Zulassen, welches jenes Leben in vollem Maße umarmt und sich von keinem Teil in mir abwendet. Es gibt keinen Teil in mir, den ich als unbegehrlich oder unspirituell bezeichne.

Was sich dann zeigt, ist der Wunsch danach, diesem Anteil von uns gegenüber äußerst respektvoll und würdigend gegenüberzutreten. Er versucht etwas für uns zu tun. Wenn wir lernen, wie wir diesem verletzten Teil in uns aus einer Haltung des Mitgefühls, einem tiefen Respekt und einer Fürsorge heraus begegnen können, beginnen unsere Schutzstrukturen nachzugeben und sich in ein Öffnen, welches ein mitfühlendes Gewahrsein bereiten kann, hinein zu entspannen.

Schattenerfahrung

Wenn es Anteile von uns gibt, auf die das Licht unseres Gewahrseins nicht scheint, werden sie zum Schatten. Dieser Schatten hat in dem Maße Macht über uns, indem wir ihn nicht betrachten bzw. uns seiner nicht bewusst sind. Die Schutzstrukturen halten ihn aufrecht und führen ihn aus. Unsere Schattenerfahrung beherbergt Lebensenergie, welche ihr in einem verhärteten, zusammengezogenen Knoten innewohnt. Wenn wir das Licht mitfühlenden Gewahrseins auf sie scheinen lassen, beginnt sie sich zu entspannen, zu öffnen und zu lösen.

Licht auf den Schatten werfen

Wenn die Lebensenergie in Angst, Wut, anderen Formen von Anspannung und Verhärtung, wie moralistischen Urteilen und lebensentfremdenden Denken, in uns gebunden ist, dann halten wir jenes Leben, welches sich nach Erfüllung sehnt, fest. Bringen wir diesem Erleben, diesen Erfahrungen des Zusammengezogenseins und der Anspannung, welche gefangen sind in Dunkelheit, oder jene, auf die das Licht unseres Gewahrseins nicht scheint, eine Weite gegenüber auf und bieten ihnen Akzeptanz, dann findet auf ganz natürliche Art und Weise Entfaltung und Heilung statt.

Zugehörigkeit anerkennen

Mit anderen Worten: wir nehmen die verstoßenen, unerwünschten Anteile zu uns und erkennen sie als zu uns gehörig an. Alle reaktiven Gedanken haben ihren Ursprung in Glaubensmustern, die jene Teile von uns zum Ausdruck bringen, die wir abgelehnt haben oder die Schattenanteile sind.

Nur Transformation kann das Licht des Bewusstseins in die Tiefen automatischer und unbewusster Reaktivität tragen. Sie erreicht die Tiefe wahrer Authentizität, die sich durch jene Reaktivität auszudrücken sucht und lässt wahre Veränderung und Heilung geschehen.

Wut

Es existiert nur eine Energie – die Energie des Lebens, welche Erfüllung sucht. Jedem Ausdruck wohnt die Kostbarkeit von Lebensenergie inne. Wut ist Lebensenergie, durch Gedanken verzerrt. Denken deformiert Lebensenergie und verwandelt sie in lebensentfremdete Wut, nicht in lebensdienliche Bedürfnisse. Ich bin wütend, weil ich denke: „Sollte"-Gedanken, Anschuldigungen, Feindbilder, etc. Grund dafür ist immer mein Denken. Die andere Person oder Situation ist lediglich der Auslöser.

Ängstlichkeit und Angst

Ängstlichkeit und Angst beinhalten immer den Wunsch, etwas zu beschützen. Das, was beschützt wird, existiert jedoch nicht. Es handelt sich um eine Geschichte aus der Vergangenheit, die wir in die Gegenwart hineintragen. Umarmen wir jenen Teil von uns mit Mitgefühl, der diese Gefühle erlebt, dann stoßen wir immer auf den Ruf nach Liebe. Die Energie der Liebe liegt in ihm verborgen.

Heilung ist natürliche Entfaltung

Heilung findet als natürliche Entfaltung des Lebens statt, wenn sich das Leben durch uns hindurchbewegt und wenn eine mitfühlende Präsenz zugegen ist.

Lebensentfremdende Erfahrung

Eine reaktive, lebensentfremdende Erfahrung beinhaltet drei Dimensionen.

1. Das Denken, welches verurteilt, anschuldigt, betitelt, „in Schubladen steckt“ etc.

2. Das emotionale und physische Erleben energetischen Zusammengezogenseins.

3. Der subtile, zugrundeliegende Lebensstrom, welcher durch und um die gesamte Lebenserfahrung fließt und oft als Sehnsucht oder Bedürfnis gefühlt wird.

Für mich war es sehr wertvoll, ein Gewahrsein für jede dieser Dimensionen zu entwickeln. Diese Klarheit hilft mir dabei, mir selbst mit Mitgefühl zu begegnen.

Bedeutung zuschreiben

Alles, was wir als lebensentfremdende Kommunikation kennen, ist ein Versuch, unserer Erfahrung Bedeutung zuzuschreiben. Wenn wir verurteilen, beschuldigen oder kritisieren, versuchen wir, das Leben zu verstehen, ihm Sinn zu geben. Den meisten von uns wurde *nur* diese lebensentfremdende Art und Weise beigebracht, um das Leben zu verstehen.

Mit Gewaltfreier Kommunikation sind wir nun in der Lage, unserer Erfahrung auf eine lebensbereichernde Weise Bedeutung beizumessen. Ein Gefühl und ein Bedürfnis zu benennen, ist ein Versuch, unsere gefühlte Erfahrung auf lebensdienliche Art und Weise zu verstehen.

Wenn unser denkender Verstand aus einem getrennten Zustand heraus funktioniert und wir mit uns als einem getrennt existierenden Selbst identifiziert sind, operiert der Verstand auf bestimmte Art und Weise.

Befindet er sich im Zustand der Trennung, erschafft er Überzeugungen und Glaubenssätze, die auf dem Weg, die Fülle des Lebens zu leben, Hindernisse darstellen.

Kernglaubenssätze

Kernglaubenssätze stehen im Zusammenhang mit lebensentfremdender Sprache.

Die lebensentfremdende Sprache des Urteilens und Kritisierens entspringt unseren Glaubenssätzen. Diese tiefsitzenden Glaubenssatzstrukturen sind ein Teil jener Schutzstrukturen, die auf unbewusster Ebene in uns existieren und die in gewissen Situationen automatisch aktiviert werden.

An diesem Punkt finden es Menschen am schwersten, innerlich in Verbindung mit sich selbst zu bleiben.

Zugang zum Herzen

So lange wir am Leben sind, können wir ein Gespür unserer Essenz haben. Denn unsere Essenz ist das Leben selbst, ist Lebensenergie. Das Problem liegt nun darin, wie schnell oder tiefgreifend unsere Lebensenergie durch unser Denken deformiert und verzerrt wird. Die Verzerrung kann ein solches Ausmaß annehmen, dass es sogar zu einer Abtrennung von der Lebensenergie selbst kommt.

Inneres Gewahrsein

Ein Schlüssel, um die Kapazität für inneres Gewahrsein zu entwickeln, ist die Fähigkeit, die Energie, die im Körper spürbar ist, von Gedanken, Geschichten oder Interpretationen zu unterscheiden. Diese Unterscheidungsfähigkeit zieht einen offeneren, freieren inneren Raum nach sich, indem wir unsere echte Erfahrung leichter fühlen können.

Widerstand

Ein weiterer Schlüssel, um die Kapazität für inneres Gewahrsein zu entwickeln, ist die Fähigkeit, das Wesen des Widerstands als Teil jeder Kontraktion zu erkennen. Widerstand tritt in aller Regel als Versuch auf, etwas in Ordnung bringen zu wollen, etwas zu vermeiden, als Suche nach Ablenkung oder dem Schmerz und der Enge davonzulaufen und sich dadurch besser fühlen zu wollen.

Die Befreiung unserer Lebensenergie, die im Widerstand gefangen ist, gelingt durch das Zulassen.

Anspannung und Enge

Es ist wichtig, wahrzunehmen, wenn es Anspannung und Enge in uns gibt und nach innen zu lauschen, in unseren Körper, in die Enge hinein, um ihre Energie zu spüren. Wir können dieser Erfahrung mit der Absicht begegnen, alles zuzulassen, was da ist. Dies erlaubt allem darin verborgenen Schmerz sich auf natürliche Weise zu entfalten. Und dann können wir bewusst wählen, uns mit der Fülle dessen zu verbinden, wonach wir uns wirklich sehnen.

Widerstand und Leiden

Es ist wichtig wahrzunehmen, ob wir unseren Gefühlen der inneren Enge und des Zusammengezogen-Seins Widerstand entgegenbringen. Dies führt zu Leiden. Widerstand und Leiden gehen Hand in Hand. Wenn wir Widerstand ins uns haben, kann man sagen, wir „verteufeln" unsere Erfahrung, wir lehnen jenen Aspekt an ihr ab. Wir sehen unser Leiden als falsch an oder betrachten es als etwas, über das wir hinwegkommen müssen. Wenn wir denken, wir müssten unser Leiden irgendwie überwinden, erschaffen wir innere oder äußere Strategien, welche die natürliche Entfaltung des – im Kern des Leidens verborgenen – Lebens behindern.

Wenn ich leide, kann ich es zu meiner Praxis machen, mich zu fragen: „Wem oder was gegenüber leiste ich Widerstand?" Diese

Frage ist jedoch nicht intellektuell zu beantworten. Durch diese Art des Nachforschens möchte ich mich in eine verkörperte Erfahrung des Spürens des Widerstandes hinein einladen.

Mit anderen Worten: ich begebe mich hinein, ich spüre hinein und ich lasse zu. Widerstand ist nur eine Bezeichnung. Es ist nur ein Gedanke, ein Begriff, der mir bei dem Versuch hilft, das Wesen meiner inneren Erfahrung zu verstehen. Wenn es mir gelingt, zu dem Grad, wie es mir gerade möglich ist, dieser inneren Enge, die Widerstand genannt werden kann, aus einem mitfühlenden, weiten, zulassenden Gewahrsein zu begegnen, dann ist es jene innere Atmosphäre, die ein Entspannen der Kontraktion zulässt. Dieses Entspannen ist der eigentliche Prozess der Heilung und Entfaltung.

Schmerzerleben

Schmerz erlischt nicht oder geht durch Heilung weg. Das Erleben inneren Schmerzes erfährt Heilung, wenn wir direkt mit der Erfahrung, die wir Schmerz nennen, in Verbindung treten, ohne ihr etwas hinzuzufügen oder ihr etwas zu nehmen. Schmerz transformiert sich durch jene mitfühlende Präsenz. Heilung entspricht der natürlichen Entfaltung der Lebensenergie, die im Schmerz verborgen liegt. Dies ist die Lebensqualität, die wir wollen.

Schmerz als Feedback

Schmerz ist ein unglaublich wichtiger Feedback-Mechanismus. Ich möchte mein Herz ihm gegenüber öffnen, ihn zulassen. Schmerz berührt die Schönheit meines tieferen Selbst. Er ist mein tieferes

Selbst, welches zu mir spricht und mir eine sehr wichtige Botschaft übermittelt. Er sagt: „Etwas ist nicht in Harmonie." Demgegenüber möchte ich mein Herz niemals verschließen, denn es bringt mich mit der ganzen Schönheit und Vision dessen in Kontakt, wonach sich das Herz, wonach sich die Unendlichkeit sehnt.

Die Lebendigkeit schützen

Es liegt etwas sehr Verletzliches in der inneren Lebendigkeit. Es sehnt sich danach gehört zu werden. Welche gewohnheitsmäßigen Strategien wir auch erschaffen haben, ihre Aufgabe ist es, jenen zutiefst authentischen, kostbaren und verletzlichen Teil von uns abzuschotten und zu beschützen. Unsere Schutzstrukturen wurden gebildet, um unsere Unschuld und Lebenskraft zu bewahren.

Die Verletzlichkeit schützen

Wenn ich meine Verletzlichkeit in einer Art und Weise beschütze, die eine entfremdende Sprache beinhaltet, fällt mir auf, dass, wenn ich auf jemanden reagiere, es immer einen Teil in mir gibt, der versucht, den Anderen als falsch darzustellen, damit ich recht haben kann. Manchmal ist es aber auch verzwickt: während mein tiefsitzender Glaubenssatz mir sagt, dass ich wertlos bin, führt mein Verhalten infolgedessen dazu, dass ich dem anderen Recht gebe. Damit stelle ich mich, dem Glaubenssatz entsprechend, als wertlos und unzulänglich dar und habe diesen somit bekräftigt.

Verurteilende, kritisierende, beschuldigende Sprache und Wut sind Ausdruck einer sich als grundlegend getrennt erlebenden Identität.

Das lebensentfremdende Denken genießen

Was ich mit „das lebensentfremdende Denken genießen" meine, ist der Versuch, unser Denken so umfassend wie möglich erfahrbar zu machen.

Es zu umarmen, ohne irgendeinen Aspekt daran zu verleugnen oder zu unterdrücken.

Ich erlaube mir selbst, die ganze emotionale Ladung des Gedankens zu fühlen und ihr, so gut es mir möglich ist, vollen gefühlsmäßigen Ausdruck zu verleihen.

Das Denken umwandeln

Wenn wir uns wandeln, wandelt sich auch die Funktion des Verstandes. Wir erleben eine radikale Neuausrichtung dem Verstand gegenüber. Wenn sich in uns wirklich etwas grundlegend verändert, fangen wir an, aus einem anderen Teil unseres Wesens heraus zu wirken. Dann dient die Funktion des Denkens unserem Wesen und dem Leben. Das Denken wird zu einem Hilfsmittel, einem Instrument genau jener Energie, die sich als Kreativität ausdrückt.

Was umgewandelt wird, ist unsere *Beziehung zum Denken*, nicht das Denken selbst. Wir versuchen nicht, das Denken abzuschaffen. Wenn wir aber in einem getrennten Zustand sind und aus unseren Verletzungen, unseren verengten Schutzstrukturen heraus reagieren, dann agiert und funktioniert unser Denken so, dass es unser Getrenntsein aufrechterhält. Es erhält unsere Tendenz aufrecht, in uns selbst gespalten und von anderen Menschen getrennt zu sein.

Wir können die in diesen Glaubensmustern gebundene Lebensenergie freisetzen, wenn wir sie in die Schönheit verwandeln, die dem Herzen der Sehnsucht innewohnt. Dieses Gewahrsein und weitere Fähigkeiten zu innerer Transformation und Wandel zu kultivieren, schafft uns die Möglichkeit, unser Leben in achtsamer Verbindung mit uns selbst und anderen leben zu können.

Das Herzstück jeder Emotion

Je häufiger wir tiefer in unsere Ängste, unsere Wut, unsere Freude und unser Entzücken hineinspüren, desto mehr erleben wir, dass es keine „positiven" und „negativen" Emotionen gibt. Im Zentrum jeder Emotion gibt es einen Strang unschuldigen Lebensgefühls, der nicht durch Definitionen von gut und schlecht, gewollt oder ungewollt verzerrt ist. Die Energie, die sich über Urteile und Bewertungen ausdrückt, hat immer die Absicht dem Leben zu dienen.

Können wir damit beginnen, die Momente wahrzunehmen, in denen wir uns schützen, die Momente zur Kenntnis zu nehmen, in denen wir uns nicht vollkommen entspannen und ganz verletzlich und offen miteinander sein können? Können wir anfangen, zu erkennen, dass solche Gewohnheiten einfach nur Schutzmechanismen sind und dass sie nicht schlecht sind? Können wir auch beginnen, diesen Teil von uns nicht länger als etwas Schlechtes anzusehen, was wir überwinden und heilen müssten, sondern dazu übergehen, ihn als kostbar zu erkennen und zu behandeln?

Gegenseitigkeit

Die Absicht, ein Leben in Mitgefühl zu leben, erfordert das Bewusstsein und den Wunsch danach, in Verbindung treten zu wollen. Das bedeutet, dass du die Bedürfnisse der anderen Person hören und deine eigenen offenbaren möchtest. Die Absicht ist zu allererst einmal ein gegenseitiges Verstehen, bevor etwaige Handlungen zur Bedürfniserfüllung in Betracht gezogen werden. Ich weiß, dass Mitgefühl angeregt wird, wenn meine Bedürfnisse empathisch gesehen und empfangen werden und ich die Bedürfnisse des Anderen ebenso empathisch sehe und empfange. Wir wollen dann zum gegenseitigen Wohlergehen beitragen.

Wenn wir einem anderen Menschen im Gewahrsein vollkommener Gegenseitigkeit von Wesen zu Wesen begegnen, aktivieren sich die Qualitäten unseres Seins und die göttlichen Aspekte, die jedem Menschen innwohnen, erhalten die Möglichkeit zu fließen und Ausdruck zu finden.

Göttliche Energie

In jener vollständig mitfühlenden Gegenseitigkeit, aktivieren wir das Potential für göttliche Energie. Wir fühlen es durch die Wärme der Liebe und des Mitgefühls, die uns beiden erfahrbar wird. Wir rufen die göttliche Energie an, laden sie ein, präsent zu sein. Das Transzendente ist immanent geworden. Das Licht in mir und das Licht in dir berühren sich und erschaffen ein neues Licht.

Absicht, nicht Ergebnis

Wenn ich mit der Absicht gegenseitiger Verbindung in eine Interaktion hinein gehe, dann möchte ich einen Raum betreten, in dem gegenseitiges Verstehen, einander Sehen und ein Anerkennen und Ernst nehmen beiderseitiger Bedürfnisse möglich ist.

Dies unterscheidet sich von der Absicht, ein Resultat erlangen, das Verhalten der anderen Person verändern oder eine Einigung erzielen zu wollen. Wenn ich auf Ergebnisse fokussiert bin, verändert sich die Ausrichtung meiner Energie. Die Möglichkeit gegenseitiges Verständnis und gegenseitige Verbindung zu erlangen, wird dadurch radikal verringert, wenn nicht sogar völlig ausgeschlossen. Entstehen mein Verhalten sowie meine Handlungen und Vereinbarungen jedoch aus einer Haltung der Gegenseitigkeit, erlebe ich sie als kraftvoll und erfüllend.

Prüfung auf Gegenseitigkeit

Hier ist ein Test, um zu prüfen, ob Gegenseitigkeit in einer bestimmten Interaktion besteht. Dabei fragst du jede Person, die an der Kommunikation beteiligt ist: „Erlebst du, dass deine Bedürfnisse in dieser Interaktion von Bedeutung sind?" Wenn beide Personen mit „ja" antworten, erleben sie, dass das, was ihnen kostbar ist und was sie brauchen (wonach sie sich sehnen), der jeweils anderen Person ebenso wichtig ist. Bewusste Gegenseitigkeit beinhaltet, dass beide Personen erleben, dass ihre Bedürfnisse bedeutsam sind.

Bedürfnisse würdigen und Bedürfnisse erfüllen

Es gibt eine wichtige Unterscheidung zwischen dem Erleben, dass Bedürfnisse wichtig sind und ihrer Erfüllung. Wenn wir erleben, dass unsere Bedürfnisse der anderen Person wichtig sind und umgekehrt, die andere Person ebenso erlebt, dass ihre Bedürfnisse uns am Herzen liegen, kreiert dies die Qualität einer Verbindung in der Handlungen unternommen werden, die die Bedürfnisse beider Personen berücksichtigen.

Wenn mein Hauptaugenmerk darauf liegt, Verbindung entstehen zu lassen, dadurch, dass ich mich in meiner Authentizität zeige und dich in deiner empfange und wir uns im Raum der Gegenseitigkeit begegnen können, dann ist es weniger wahrscheinlich, dass ich daran anhafte, ein bestimmtes Bedürfnis erfüllt zu bekommen. Ganz egal, um welches Bedürfnis es sich dabei handelt. Um *diese Haltung* in Beziehungen zu leben ist es entscheidend, leidenschaftlich zu unseren Bedürfnissen zu stehen und das Ergebnis offen zu halten.

Wenn jemand etwas zu mir sagt und ich darauf reagiere, es kritisiere oder darüber urteile, kann ich in eine direktere Erfahrung mit meiner gelebten Intention und Authentizität treten, wenn ich erspüren kann, was möglicherweise der wahren Erfahrung des anderen zugrunde liegt. Was braucht mein Gegenüber, wonach sehnt er sich oder was ist ihm jetzt gerade in diesem Moment wichtig? Vielleicht wünscht sich der andere Verständnis. Vielleicht Klarheit. Vielleicht sehnt er sich auch nach Unterstützung und kann keinen Zugang dazu finden, in dem, wie ich mich verhalte.

Die Absicht, in Verbindung zu treten

Auf einen anderen Menschen mit der Absicht zuzugehen, in Verbindung zu treten, zu kommunizieren und einander aus dem inneren Ort der Schönheit der Bedürfnisse heraus zu begegnen, bedeutet AUSSCHLIESSLICH das LEBEN im anderen Menschen zu sehen, zu fühlen und zu hören.

In der vollkommenen und gegenwärtigen Dimension der Schönheit der Bedürfnisse zu leben, bedeutet, in zeitloser Gegenwart zu leben.

Dies bedarf eines Verlangsamen des Prozesses. Dazu ist es vonnöten, das Gewahrsein von der unbewussten, gewohnheitsmäßigen Art der gewöhnlichen Konversation weg, hin zu einem absichtsvollen Bewusstsein im Miteinander zu bewegen, in dem du die offene, verletzliche Wirklichkeit deines Wesens offenbarst.

Wenn ich einem anderen Menschen Empathie gebe, tue ich dies, weil ich befreit werden möchte. Wenn ich mich mit den Bedürfnissen des anderen verbinde, werde ich von meinem urteilenden Denken befreit.

Meine Befreiung geht mit meiner Fähigkeit einher, den anderen an jenem Ort zu treffen, an dem das „wir" existiert.

Leben ist Gewahrsein

Diese Praxis ist wie eine Meditationspraxis, in der der Fokus auf der elementaren Lebensenergie in uns selbst und der anderen Person liegt. Wenn wir kommunizieren, bringen wir unsere innere Wirklichkeit zum Ausdruck. Es verhält sich nicht so, dass Inhalt und Form dessen, was wir zum Ausdruck bringen, irrelevant sind. Sie geben uns Hinweise. Wenn jemand spricht, so spricht sein Herz. Es spricht über all das, was geschätzt wird, die Fürsorge und den Schmerz, den es trägt. Darin liegen Fülle und Schönheit. Wir können uns selbst fragen: „Lausche ich auf das, was wirklich in dem anderen vorgeht? Lausche ich seinem Herzen?"

Das Leben besteht aus einem Gewahrsein, welches von Moment zu Moment wahrnimmt, ob, was sich mir zeigt oder sich in mir offenbart, in Übereinstimmung mit dem Herzen ist oder nicht.

In Verbindung bleiben

Was ist meine Absicht? In Verbindung mit Authentizität und Lebendigkeit zu bleiben und mit Anderen in Beziehung zu treten, um dieser Absicht zu dienen. Auf diese Absicht möchte ich mich jeden Tag als Erinnerung daran, wie ich leben möchte, besinnen.

Vermitteln, was wir wollen

Wenn wir einem anderen Menschen unsere Bedürfnisse offenbaren, ist es wichtig, dass wir ihm die Fülle dessen, was wir wollen, nahe bringen und nicht das, was wir nicht wollen. Wenn wir aus einer Energie des Mangels an den anderen herantreten, bringt dies eine Dringlichkeit und Verzweiflung mit sich. Es hat den Beigeschmack einer Forderung und geht mit Druck einher. Es ist möglich, dass wir die Worte, so wie wir sie in der Gewaltfreien Kommunikation gelernt haben, perfekt anwenden, letztendlich aber ist es unsere Absicht und die Energie, aus der heraus wir kommunizieren, die am wichtigsten sind.

Beziehung

Wir befinden uns immer in Beziehung, egal ob wir direkt mit einer anderen Person in Beziehung sind oder nicht. Wir existieren als Einheit in Beziehung zu Allem. Aus dem Bewusstsein um die Ganzheit der Welt entsteht das Bewusstsein darüber, dass meine Bedürfnisse und deine Bedürfnisse wichtig sind. Aus diesem Gewahrsein erblüht Gegenseitigkeit.

Ein Leben im Mitgefühl hilft mir dabei, meine innere Welt in die Beziehungswelt zu bringen. Die spezifische Sprache, die uns der Prozess lehrt, kann ein Kanal für das vollkommene Fließen der Lebensenergie sein, anstatt sie zu behindern. Ich möchte mit dem Leben in Verbindung sein, das durch mich fließt, damit ich mit dem Leben in Verbindung sein kann, das durch dich fließt. Es ist dasselbe Leben.

Wenn ich mit jemandem eine bestimmte Qualität von Verbindung erlebe und in mir und in der anderen Person ein Gefühl tiefer Liebe da ist, drücken die Worte „Du hast mein Bedürfnis nach Liebe erfüllt“ nicht mehr meine Erfahrung aus. Wenn ich in dieser Qualität der Verbindung bin, ist es nicht so, dass du meine Bedürfnisse nach Akzeptanz oder Mitgefühl erfüllt hast. Es ist eher so, dass unsere Verbindung, unsere Beziehung zu einem Kanal für göttliche Energie geworden ist. Wir treten in Liebe ein.

Das Bedürfnis nach Anderen

Glaubst du, du solltest in der Lage sein, dich emotional gut um dich selbst kümmern zu können und daher andere nicht um Empathie bitten zu müssen? Es gibt viele Momente, in denen wir nicht in der Lage sind, mit uns selbst präsent zu sein. Die Präsenz steht uns einfach nicht zur Verfügung. Wir können anerkennen, dass wir uns gerade kein Selbstmitgefühl geben können und als einen Akt des Selbstmitgefühls können wir Andere um Mitgefühl bitten. Wir bitten um Präsenz durch eine andere Person.

Gemeinschaft

Wenn wir in einer unterstützenden und liebevollen Gemeinschaft von anderen Präsenz empfangen können, besonders in den Bereichen unserer verletzlichsten Verwundungen, fangen wir an, Präsenz in uns selbst zu beleben und zu aktivieren. Wenn das passiert, können wir nach und nach Zugang zu unserer eigenen inneren Präsenz bekommen und die innere Stärke unserer eigenen Präsenz entwickeln. Aus diesem Grund ist es so wichtig, Gemeinschaft zu haben und das zu bekommen, was Gemeinschaft bewirkt, wenn es eine geteilte Absicht gibt, mitfühlende Präsenz zur Verfügung zu stellen.

Worte übermitteln lebendige Information

Worte übermitteln lebendige Information. Kommunikation durch Sprache transportiert ein energetisches Gewahrsein und lebendige Intelligenz. Es ist die Dynamik bewussten (wissenden, intelligenten) Lebens, das in dem Raum gegenseitigen Gewahrseins vibriert.

Kommunikation ist ein kreativer Prozess, ein verbales und energetisches Geben und Empfangen. Es ist ein wechselseitiger Austausch, der Gegenseitigkeit anstrebt oder sie miteinander entstehen lassen möchte (und potentiell verbindend und vereinigend ist). Die Verletzlichkeit eröffnet uns den Weg. Dieser Weg lässt sich in jeder Person durch verschiedene qualitative Zustände beschreiben, wie Zerbrechlichkeit, Weichheit, Sanftheit, Zartheit, Verletzung oder freie und offene Zustände der Freude und Liebe.

Der Weg der Verletzlichkeit

Zustände der Verletzung sind lebendige Hinterlassenschaften unerfüllter und unverarbeiteter, also nicht geheilter Energien. Der Weg der Verletzlichkeit ist ein Kanal für das Leben. Er ist ein innerer Kanal, durch den Verbindung geschieht. Ein mitfühlender Zugang diesem inneren Weg der Verletzlichkeit gegenüber, schafft und kultiviert die inneren Bedingungen, die das Freisetzen und vollständige Fühlen der Sehnsucht des Lebens, welche in dem verwundeten Zustand gebunden ist, unterstützen und erlauben.

Spirituelle Praxis

Unsere Beziehung zur Lebenskraft

Die gesamte Spiritualität umfasst meine Beziehung zur Lebensenergie, die mir dargeboten wird, die durch mich dargeboten wird und durch mich in die Gesamtheit des Lebens strömt oder sich in Form von Beziehungen durch andere Menschen ausdrückt.

Eine spirituelle Lebenspraxis kann als eine Hinwendung zu unserer Beziehung zur Lebenskraft betrachtet werden. Zur Lebenskraft in uns und außerhalb von uns. Sie wird uns in lebendige Erfahrungen tragen. Die Richtung und Qualität dessen, wie wir ihr erlauben, uns mit sich zu tragen und durch uns hindurch zu fließen, hängt von unserem Gewahrsein und unserer Entscheidung ab.

Eine spirituelle Lebenspraxis bedeutet, auf eine verkörperte Art zu leben. Es ist eine Art, Präsenz miteinander zu teilen, in der wir die Schönheit und Ganzheit ineinander sehen.

Die Worte „spirituelle Praxis“ und „Gewahrseinspraxis“ deuten auf eine Praxis hin, die der Lebendigkeit, Präsenz und Authentizität dient und diese unterstützen.

Wir sind spirituelle Wesen. Es ist möglich im Alltag, sowohl innerlich als auch in Beziehungen, einen Zugang zu dieser spirituellen Dimension zu erlangen. Indem wir diese Dimension von uns in Beziehungen hineinbringen, wird unser Wesen und unser Leben bereichert.

Worüber meditierst du?

Wir sind in einer immerwährenden Meditation. Mit anderen Worten: worauf richten wir beständig unsere Aufmerksamkeit – in uns, in unserem inneren Gewahrsein und Erleben, im Handeln, in unseren Beziehungen und im Leben?

Worüber meditierst du? Worauf richtet sich deine Aufmerksamkeit? Wie ist die Qualität deiner Aufmerksamkeit? Was glaubst du, worüber wir meditieren, wenn wir nicht auf etwas fokussiert und ausgerichtet sind, nicht bewusst und präsent meditieren? Dann meditieren wir über die relativ unbewussten Gewohnheiten. Diese können als sicher betrachtet werden, sind aber einschränkend. Unsere Aufmerksamkeit ist dann auf eine Form des gewohnheitsmäßigen, relativ unbewussten Denkens und Handelns fokussiert.

Auf der anderen Seite können wir wählen, die bewusste Absicht zu haben, unsere Aufmerksamkeit auf das, was in jedem Moment lebendig und authentisch ist, zu fokussieren.

Das wunderschöne, was ich an einem Leben im Mitgefühl sehe, ist, dass es ein Weg ist, in Präsenz und tiefe Authentizität zu reisen. In unserer Essenz sind wir lebendige Wesen im Fluss des Lebens. Wir sind in einer Art Strom, gleich eines elektrischen

Stromes, wenngleich der Lebensstrom tiefer und subtiler ist. Der Lebensstrom ist eine Manifestation unseres Seins. Es ist unser Leben, das sich durch Liebe bewegt.

Präsenz

Präsenz ist nichts, was wir machen. Es ist etwas, das wir erlauben. Wenn ich Präsenz beobachte, sehe ich, dass sie unendlich ist. Sie reicht über mich hinaus. Der denkende, konditionierte Verstand kann mit allem in Konflikt geraten. Präsenz streitet nicht. Präsenz erlaubt einfach. Hierin liegt ihre Kraft.

Innere Präsenz zu kultivieren umfasst eine Absicht und Hingabe daran, von Moment zu Moment, wachsam und bewusst zu sein. Es ist wichtig, zu erkennen, wann ich im Fluss des Lebens bin und wann nicht. Wenn wir dies tun, können wir spüren, dass der Strom unserer Gefühle manchmal ungehindert fließen kann und ebenso wahrnehmen, wenn sich etwas in uns zusammengezogen hat. Manchmal erleben wir vielleicht auch eine Kombination aus beidem.

„Geht es mir gerade gut?“* ist eine hilfreiche Frage. Welche Bedürfnisse sind gerade in mir lebendig oder nicht lebendig? Wofür entscheide ich mich in diesem Moment? Diese Nachfrage bringt ein lebendiges Gewahrsein von Moment zu Moment mit sich. Es offenbart mir meine erfüllten und unerfüllten Bedürfnisse und wie sehr ich mich im Lebensfluss befinde. Ich kann mich dann

---

* Anm. der Übers.: engl. Original „Am I enjoying myself?“, Erläuterung Robert Gonzales: Diese Frage ist als Reflektion zu verstehen, die wir uns im Laufe des Tages immer wieder stellen können. Der Fokus bei dieser Frage liegt nicht nur auf „positiven Erfahrungen“, sondern auf dem Erleben einer Fülle in der Erfahrung selbst. Dies schließt alle Erfahrungen mit ein, ob angenehm oder unangenehm.

bewusst dafür entscheiden, mit dem Leben in mir präsent zu sein, zu trauern, zu feiern und aktiv zu werden oder auch nicht.

Es ist eine Wachsamkeit. Es ist ein nicht-urteilendes, aber unterscheidungsfähiges Gewahrsein. Bleib präsent und lebendig gegenüber dem Bewusstseinsstrom und der lebendigen Energie, die in jedem Moment durch dich hindurchfließen. Fühle in diesem Moment, während du dies hier liest, das Gefühl und die Energie, die sich durch dein Gewahrsein hindurchbewegen. Was sind die Qualitäten dieser Energie? Ist es die Energie der Fürsorge? Die Energie der Klarheit? Die Energie der Inspiration?

Ich stelle fest, dass ich am authentischsten bin, wenn ich am verletzlichsten bin. Die Schönheit dieser Arbeit liegt darin, dass sie uns an einen Ort führt, an dem wir auf ganz tiefe Weise erkennen, dass wir im Kern alle grundlegend gleich sind. Es gibt eine Universalität darin, was uns innerlich ausmacht, wie wir in der Welt sind, wie wir der Welt begegnen und wie schwierig dies sein kann. Wenn wir zu dem Kern dessen vordringen, was uns als menschliche Wesen ausmacht, sehnen wir uns alle nach einer einfachen, liebevollen Art des Umgangs miteinander.

Präsenz ist einfaches Gewahrsein

Es ist eine der schönsten und wertvollsten Erfahrungen, zu erkennen, dass ich in einfachem Gewahrsein ankommen kann. Wenn wir davon sprechen, zu beobachten, ohne unsere Bewertungen mit hineinzumischen, fangen wir damit an, die beobachtende Präsenz einfachen Gewahrseins zu kultivieren.

Präsenz tritt durch einfaches Gewahrsein in Erscheinung. Es öffnet ihr die Tür. Hierin liegt die Erfahrung von Gnade.

Präsenz ist unendlich geduldig. Präsenz urteilt nicht. Präsenz kennt keine Dringlichkeit. In Präsenz gibt es keine Angst und Präsenz umfasst alle Angst.

Präsenz hat die Qualität eines unendlich weiten, Raum gebenden Gewahrseins. Die Natur des Gewahrseins selbst ist ohne Grenzen. Es existiert einfach als Teil unseres Seins.

Präsenz ist eine Qualität des Seins und sie gehört uns nicht. Sie kommt von einem anderen Ort. Sie existiert einfach in uns und durch uns.

Mitfühlende Präsenz heilt

Mitfühlende Präsenz erlaubt es der verknoteten Form, die wir als Verengung fühlen, sich auf ganz natürliche Weise zu entfalten. Es ist nichts, was wir „machen". Die Entfaltung passiert auf ganz natürliche Weise als die Weisheit des Lebens selbst. Heilung geschieht, wir heilen nichts. Heilung geschieht in der Anwesenheit von Liebe. Es ist die Natur des Lebens, die sich entfaltet.

Ich erlebe eine solche Inspiration in der völligen Einfachheit, die das Kultivieren jener schlichten Präsenz mit sich bringt, und in der bedingungslosen Akzeptanz, die entsteht, wenn wir unserem eigenen Erleben wirklich begegnen. Und als nächstes beginnen wir, auch anderen in derselben Weise zu begegnen. Wir betreten unser eigenes Herz mit einer Offenheit, ohne Angst. Danach begegnen wir dem Leben in anderen bzw. der Lebensenergie, wie auch immer sie ausgedrückt wird, mit dem gleichen furchtlosen, offenen Mitgefühl. Und dann: aufgepasst! Es werden wundervollere Dinge geschehen, als wir uns vorstellen können.

Schönheit offenbart sich selbst

Wenn wir dem Leben, in all seinen Schwierigkeiten, aus einer steten Absicht der Offenheit und Geduld heraus begegnen und bei ihm bleiben, offenbart sich Schönheit von allein – und zwar immer von ganz allein.

Wenn der entfremdende Verstand die Hoffnung aufgegeben hat und sagt, dass das Leben niemals anders sein könne, kann das in Verbindung treten mit Schönheit, inmitten der Erfahrung eines unerfüllten Bedürfnisses, eine Ganzheit entstehen lassen. Indem wir aus einer Energie heraus handeln, die auf ein bestimmtes Ergebnis fixiert ist, ziehen wir genau das an, was wir nicht wollen. Lebe in der Energie der Bedürfnisse und *das* Handeln, welches uns zur Erfüllung unseres Bedürfnisses bringt, wird ganz natürlich entstehen.

Das Leben ganz leben

Das Leben ganz und gar zu leben, geschieht nicht aufgrund einer Formel oder Technik, der wir folgen. Es geschieht durch ein tiefes Vertrauen in unsere eigene Lebenskraft. Wir benutzen Landkarten oder Leitlinien, die uns helfen, durch die innere Welt zu navigieren – ich habe jedoch den Wert einer fortwährenden Wachsamkeit gegenüber dem Verstand schätzen gelernt, denn dieser möchte aus unseren Orientierungshilfen feste Regeln des „Sollens" machen, mit deren Hilfe wir anschließend über uns urteilen und richten können.

Ich bin meine Authentiztät

Wenn ich den Sitz in meiner Authentizität eingenommen habe, bin ich meine Authentizität. Dann bin ich mein Herz. Dann bin ich der elementare Lebensfluss in Form meiner Lebendigkeit, die alle möglichen Formen von Lebendigkeit, Liebe und Kreativität annimmt. Ich bin diese Energie. Um diese Energie zu sein, sind keine Gedanken und keine Überzeugungen erforderlich. Ich bin unmittelbar im Fluss der Lebendigkeit.

Sich danach sehnen, was bereits vorhanden ist

Die Qualitäten, nach denen wir uns so sehr sehnen, sind allesamt Qualitäten des Herzens. Wenn wir uns nach Unterstützung in Beziehungen sehnen, lebt die Qualität dieser Sehnsucht, dieses gefühlte Empfinden bereits in unserem Herzen. Wenn wir eine Sehnsucht nach unserer eigenen Authentizität und unserer eigenen Integrität spüren, ist dies eine Sehnsucht nach einer Ganzheit, die als solche bereits in uns vorhanden ist. Wenn wir aus diesem *Ganz-Sein*, dieser Fülle hervorgehen, kommen wir nicht aus dem Mangel. Die Energie des Mangels unterscheidet sich grundlegend von der Energie der Fülle.

Sehnsucht nach dem essentiellen Selbst

Es gibt viele Worte, die den Kern dessen, was wir sind, beschreiben: unsere Essenz, unser essentielles Selbst und unser wahres Selbst. Dieser Kern ist der Ort, an dem alle Qualitäten unseres wahren Selbst als Qualitäten unseres Wesens wohnen: Unschuld, Kreativität, Lebendigkeit, Liebe. Welche Qualitäten dies auch immer sein mögen. Immer, wenn wir in Kontakt mit uns selbst sind, fühlen wir diese Qualitäten als spürbare Energien und sie sind unverkennbar das, was wir sind. Es ist der Teil von uns, den wir in seiner Fülle erleben möchten. Das ist es, wonach wir uns sehnen. Und es ist auch das, wonach wir uns in Beziehungen sehnen.

Wenn wir wirklich mit jemand anderem in Kontakt treten und eine wahre Verbindung erleben, in der wir erfahren, dass wir einander gegenseitig wichtig sind, einander verstehen, einander sehen und gesehen werden, dann begegnen wir dem anderen aus diesem inneren Ort heraus, und es ist eben jener Ort, den wir auch in der anderen Person kontaktieren.

Die wirkliche Stärke authentischer Verletzlichkeit

Aus meiner Verletzlichkeit heraus kommt eine wirkliche Stärke, die ich als *Empowerment* bezeichne. Denn in meinem Herzen und meiner Verletzlichkeit liegt meine Authentizität. Dies befähigt mich dazu, das Leben so zu leben, wie ich es leben möchte – so, wie das Leben in mir, mich zu leben aufruft.

Inneres Befragen schafft Zugang zur Erfahrung des Fließens

Die folgenden Fragen helfen mir, Präsenz und Mitgefühl zu kultivieren: „Was ist lebendig in mir?“ oder „Geht es mir gerade gut?“ * Ich nehme wahr, was in mir aufsteigt und spüre, dass, wenn ich im Fluss bin, ein Gefühl des offenen Fließens körperlich, emotional und gedanklich erfahrbar ist. Auf gedanklicher Ebene äußert sich diese Erfahrung als eine Offenheit und Klarheit.

Unterscheidungen treffen ist befreiend

Unsere urteilenden und bewertenden Gedanken von klaren Beobachtungen zu unterscheiden, ist eine befreiende Erfahrung, die unseren inneren Erlebensraum öffnet. Dadurch können wir unsere authentischen Gefühle und Bedürfnisse direkter erleben.

Unsere Bedürfnisse leidenschaftlich und leicht in uns tragen

Wie halten wir unsere Bedürfnisse in uns? Wie ist unsere Beziehung zu Bedürfnissen?

Ich möchte meine Bedürfnisse, meine zentralen Werte oder was auch immer mir wichtig ist, mit Leidenschaft und Leichtigkeit in mir tragen. Ich hafte nicht an einem bestimmten Ergebnis an, sondern habe eine Offenheit gegenüber allen möglichen Ergebnissen in mir. Mit anderen Worten: Ich möchte leidenschaftlich

* Anm. der Übers.: engl. Original „Am I enjoying myself?“ Vgl. Anm. auf Seite 77

gerne Verbindung erfahren; ich möchte leidenschaftlich gerne Ehrlichkeit; Verantwortlichkeit und Verantwortungsübernahme liegen mir mit großer Leidenschaft am Herzen. Diese Qualitäten sind sehr wichtig für mich. Und gleichzeitig halte ich sie mit einer Leichtigkeit in mir, was bedeutet, dass ich sie nicht jederzeit erleben muss; Ich hafte nicht an ihnen als Ergebnis an. Nichts in mir fordert ein bestimmtes Ergebnis oder eine spezifische Strategie ein. Ich habe eine gewaltige Freiheit, wenn ich meine Leidenschaft ausdrücken kann, aber in keinem Moment an dem Ergebnis anhafte.

Wenn ich wahrhaftig mit der Fülle und Schönheit dessen, was ich möchte und wonach ich mich sehne, verbunden bin und es nach außen kommuniziere, geht damit auch die unausgesprochene Aussage einher, die heißt: „Und ich muss es nicht bekommen." Denn wenn ich das Gefühl habe und in der Energie bin, dass ich etwas bestimmtes genau so haben muss, dann kommuniziere ich Mangel, Druck oder eine Forderung.

Eines der größten Hindernisse in der Praxis der mitfühlenden Kommunikation taucht auf, wenn ich daran anhafte, dass ein bestimmtes Bedürfnis durch ein bestimmtes Ergebnis erfüllt werden soll. Im Körper fühle ich es als eine Art „haben müssen". Vielleicht benutzen wir diese Worte nicht, aber die Energie davon ist da und wird kommuniziert. Die Energie ist oftmals ein Gefühl von Verzweiflung oder Dringlichkeit.

Spirituelle Praxis: aufsteigend und absteigend

Eine vollständige spirituelle Praxis ist sowohl aufsteigend als auch absteigend. Sie ist aufsteigend, indem sie mich zu einem lebendigen Gewahrsein von Klarheit und Fülle bringt. Ich trete in die Ganzheit der Schönheit ein, die der Sehnsucht des Herzens innewohnt und bewege mich aus dem Zwang gewohnheitsmäßiger Glaubensmuster zu einem Gewahrsein der Bedürfnisse. Jene Schönheit dient als eine Art Maßstab bzw. als Kriterium für unsere Authentizität. Durch den Aspekt des Absteigens manifestiert sich meine Energie in der Welt und in Beziehungen.

Ein Flüstern der Unendlichkeit

Das menschliche Herz bringt Qualitäten, Energien und Ströme mit sich. Es ist eine Welt des Fließens und der Lebendigkeit. Es ist eine Welt voll Qualitäten, die verkörpert werden, wenn wir dem Strom erlauben, ganz anwesend zu sein. Die Qualitäten des Herzens sind ein Flüstern der Unendlichkeit; göttliche Qualitäten, für die es keine Worte mehr gibt. Auf der Ebene des Lebens ist das menschliche Herz eine Pforte, durch die das Unendliche zum Persönlichen gelangt.

Unser Wesenskern ist die Heimat unseres Herzens und unserer Authentizität. Es gibt viele Qualitäten, die aus dem Herzen heraus strahlen: Liebe, Kreativität, Lebendigkeit etc. Die Qualitäten unseres inneren Wesens sind der Ursprung für Bedürfnisse und Sehnsüchte.

Die Sprache des Herzen zu sprechen bedeutet, Zugang zum Herzen zu haben. Ein Herzens-Gewahrsein in unsere Beziehungen mit anderen Menschen zu bringen, erfordert eine kontinuierliche Praxis, in der das Gewahrsein auf das Herz gerichtet wird. Die Sprache des Herzens allein als eine Technik anzuwenden, bringt keinen vollständigen Zugang zum Herzen.

Das menschliche Herz ist Sprachrohr unseres menschlichen Bewusstseins. Es ist das Sprachrohr des Seins selbst, Sprachrohr des menschlichen Daseins. Das Mysterium des Herzens braucht eine körperlich-physische Existenz, durch die es sich ausdrücken kann. Und zugleich ist es eine Pforte in einen unbekannten, unendlichen Raum. Das ist das Mysterium.

Wir sind Herzen, die in, als sowie durch Körper und Verstand leben. Das wahre Land ist eine Welt der Qualitäten, grandioser Energien voll Schönheit und Licht. Die augenscheinliche Welt ist eine Welt der Dinge und der Form. Wie erscheint die Welt der Qualitäten in der Welt *als Form*? Schmerz ist Gott in Form gefangen, voll Sehnsucht nach Befreiung. Nach wundersamer Befreiung: Vereinigung*.

Ich möchte in jedem Moment vollkommen lebendig sein. Möchte bewusst sein und präsent – mir selbst und anderen Menschen gegenüber. Das ist meine fortwährende Absicht. Diese Absicht hat viel Kraft. Sie ist die Kraft tiefer Identität.

Spirituelle Lebenspraxis ist ein bewusstes Gewahrsein des Lebens im gegenwärtigen Moment. Wenn ich mit mir selbst verbunden bin, wenn ich in meiner Authentizität lebe, wenn ich ein Erleben von Fülle habe und selbst wenn ich in emotionalem Schmerz bin; jene bewusste Präsenz bedeutet, im Fluss des Lebens zu sein. Ich spüre den Lebensfluss ungeachtet des Inhaltes der jeweiligen Erfahrung.

Den Fluss erneuern

Ein Teil meiner spirituellen Lebenspraxis oder *Gewahrseins-Praxis* ist es, zu bemerken, wenn ich mich innerlich an einem Ort der Reaktivität oder der Anspannung befinde. Es erfordert ein Gewahrsein, welches von Moment zu Moment wahrnimmt, wann ich in der reaktiven Energie der Urteile, Wut, Beschuldigung oder

---

* Anm. d. Übers.: engl. Original „communion“, heilige Verbindung, heilige Zusammenkunft

Angst gefangen bin. Den Fluss des Lebens zu erneuern und wiederherzustellen erfordert die Fähigkeit, wahrzunehmen, wenn ich innerlich an jenem Ort der Kontraktion bin und Mitgefühl zuzulassen, um mich wieder in das *Ganz-Sein* zu führen.

Präsenz beinhaltet, zum Körper zurückzukehren

Präsenz erfordert, sich an das Atmen zu erinnern. Denn wenn ich an einem reaktiven oder gewohnheitsmäßigen Ort bin, merke ich, dass mein Atem relativ flach ist. Manchmal halte ich sogar den Atem an. Präsenz beinhaltet immer, zum Körper zurückzukehren. Präsenz und Tempo bedingen sich. Es ist notwendig, zu verlangsamen.

Zu atmen, zu verlangsamen und sogar innezuhalten, bevor ich jemandem antworte, der mit mir spricht, sind für mich Fundament und Grundlage, um in jedem Moment Gewahrsein zu praktizieren.

Innehalten als spirituelle Praxis

Ich übe Innehalten, nachdem ich etwas gesehen habe, eine Email gelesen habe, etwas in den Nachrichten gesehen oder gehört habe oder eine schwierige Interaktion mit jemandem hatte. Ich halte inne und beobachte jede gewohnheitsmäßige Reaktion. Innehalten ist essentiell, denn es erschafft den Raum, in dem Präsenz lebendig ist – Präsenz gegenüber meinem inneren Leben. Präsenz existiert auch immer inmitten reaktiven und bewertenden Denkens. Innehalten ist eine Praxis, eine lebendige Meditation in meinem Alltag.

Stille üben

Übe, still zu sein, selbst wenn es nur wenige Momente am Tag sind. Stimme dich auf dein Herz ein. Stimme dich auf das ein, was am lebendigsten in dir und die tiefste Sehnsucht deines Herzens ist. Spüre es in deinem Körper und deinem Herzen.

Wenn wir ausschließlich zwischenmenschliche Fähigkeiten entwickeln, ohne die Spiritualität oder das Bewusstsein zu entwickeln, das in tiefer Innerlichkeit lebt, fehlt es an Tiefe. Beide Dimensionen sind absolut notwendig, damit unsere Authentizität in Fülle in Beziehungen gelebt werden kann.

Sich hingeben, um zuzulassen

In einer spirituellen Lebenspraxis ist Hingabe essentiell. Ich gebe mich hin und lasse das Spiel der Lebenskraft durch mich fließen – mich durchströmen. Ich kooperiere mit dem Lebensstrom (der sich als Sehnsüchte und Werte manifestiert). Ich bin nicht passiv, aber ich erschaffe meine eigene Erfahrung auch nicht aus meiner getrennten Identität heraus.

Eine Bedeutung davon, sich dem Leben hinzugeben, liegt darin, das Gewahrsein vom Schmerz und dem Haften an unerfüllten Bedürfnissen auf ein Leben in den Qualitäten des Seins, die im Herzen und der Energie der Bedürfnisse wohnen, zu verlagern.

Selbstverantwortung

Eines der wichtigsten Elemente dieser Praxis ist die Selbstverantwortung. Es bedeutet, die Kapazität zu haben, zu bemerken und anzuerkennen, was zu mir gehört. Was sind *meine* Gedanken, *meine* Gefühle und *meine* Interpretationen? Was projiziere ich? Wie filtere ich das, was ich dich sagen höre oder dich tun sehe? Und was ist deins? Was geht in dir vor? Was beobachtest, fühlst, brauchst und erlebst du? Die Fähigkeit, zwischen deiner inneren Realität und Kommunikation und meiner eigenen inneren Welt unterscheiden zu können, ist essentiell für diese Praxis.

Um bemerken zu können, wenn ich unverbunden bin, muss ich gewahr sein, was meins und was nicht meins ist. Das bedeutet, dass ich bemerke, wenn ich auf jemanden reagiere und einen Gedanken über ihn habe – einen analysierenden, diagnostizierenden, bewertenden, verurteilenden Gedanken – und anerkenne, dass es mein Gedanke ist, dass ich *denke*, die andere Person sei „unhöflich" oder „unbewusst". Wenn ich glaube, dass meine Gedanken wahr sind, ist kein selbstverantwortliches Gewahrsein vorhanden, in dem ich anerkenne, dass mein Erleben innerer Reaktivität und Enge etwas ist, das ich durch mein eigenes Denken erschaffe.

Die Anerkennung dessen, was mein eigenes ist (und so definiere ich Selbstverantwortung), ist für diese Praxis entscheidend. Ich möchte mir darüber bewusst sein, dass meine Gefühle meine Gefühle sind und dass du nicht derjenige bist, der meine Gefühle erzeugt. Ich möchte mir darüber bewusst sein, dass meine Taten und meine Entscheidungen etwas sind, das ich wähle. Ich möchte bemerken, wenn ich etwas denke (wie: „Ich konnte nicht anders" oder „Wenn du nicht soundso gehandelt hättest, hätte ich nicht soundso gehandelt") und ich möchte die volle Verantwortung für das, was ich erzeuge (meine Gedanken, Gefühle und Taten), übernehmen.

Mein Wohlergehen liegt in mir

Niemand hat die Macht, dir das zu nehmen, was deine essentielle Natur ist, nämlich dein essentielles Wohlbefinden. Der Glaube, dass es jemanden gibt, der dir dies wegnehmen könnte, impliziert, dass du in deinem Gewahrsein deine Bedürfnisse als etwas von außen bezogenes hältst. Es ist schwächend, anderen Menschen oder Umständen die Macht zu geben, die Quelle für dein Wohlergehen zu sein. Eine Perspektive wie: „Mein Wohlergehen liegt außerhalb von mir und im Verhalten anderer Menschen begründet" ist limitierend.

Identifikation mit dem Denken

Es ist wichtig, anzuerkennen, dass es nicht so sehr auf den Inhalt unserer Gedanken ankommt, wie die Tatsache, dass wir mit unserem Denken identifiziert sind und unseren Gedanken Glauben schenken. Die Identifikation mit dem Denken ist das primäre Element, das uns von unserer Authentizität und anderen Menschen getrennt und entfremdet hält.

Ruhe in der Sehnsucht des Herzens

Die Essenz dieser Praxis ist es, der Sehnsucht in unserem Herzen Raum zu geben, nur das. Bleib dabei. Wenn Traurigkeit hochkommt, lasse sie zu. Gib ihr Raum in deinem Wesen und deiner Aufmerksamkeit. Erlaube dir, das Leben in ihr zu spüren, sogar ganz ohne das Wort „Traurigkeit" zu verwenden. In deinem Herzen gibt es eine Qualität lebendiger Energie, die du vielleicht als ein Schimmern, eine Wärme, eine Bewegung von Spannung, Halten und Loslassen oder als etwas anderes spürst. Wenn du dir erlaubst, einfach die Energie zu spüren, ohne sie „Traurigkeit“ zu nennen, dann kann die Energie an sich als eine Sehnsucht nach etwas Wunderschönem gefühlt werden. Lass dich das Sehnen und die Schönheit fühlen. Die Praxis besteht einfach darin, dort zu bleiben. In dieser Energie zu bleiben ist lebenspendend und nährend.

Biete dem Leiden Raum an

Begegne dir selbst, deiner inneren Erfahrung, der lebendigen Energie, der gefühlten Wahrnehmung und der Qualität des inneren Schmerzes mit tiefem Mitgefühl, wenn du in einem leidenden Zustand bist. Wenn du dies immer wieder machst, schaffst du Raum in dir, in dem sich der innere Schmerz, das inneren Leiden zu Leben, zu dem wunderbaren, kostbaren Leben, das in dir festgehalten ist, entfalten kann.

„Göttlich“ ist jenseits aller Worte

„Göttlich“ ist nur ein Wort, das auf etwas hinweist, das jenseits von Worten und Konzepten liegt. Es weist auf ein lebendiges Gewahrsein hin, das nichts mit Glauben, Dogma oder Religion zu tun hat. Wenn ich mich in die kostbare Schönheit des Lebens in meinem Herzen, in Anderen und in der Welt hinein entspanne, erfahre ich Ganz-Sein, Frieden, Anmut und Schönheit, auf die ich zaghaft versuche hinzuweisen, wenn ich das Wort „göttlich“ ausspreche.

Schon anwesend

Ursprüngliche Natur existiert in unserem Herzen. *Sie ist schon da, wie ein subtiler Faden, der alles in unserem Erleben durchdringt.* Jede Erfahrung und jede Handlung sind Liebe oder das Leben, das nach Erfüllung sucht. Die Aufgabe besteht darin, nicht danach zu suchen, sondern diese Elemente in unserem Gewahrsein zu erkennen. Sei es im inneren Gewahrsein oder in unserer Praxis, wenn wir uns in Dialoge und Gespräche begeben.

Selbstmitgefühl ermöglicht Entfaltung

Welche Elemente blockieren den natürlichen Fluss des ursprünglichen, göttlichen Lebensimpulses? Die Arbeit des Selbstmitgefühls beinhaltet, nicht danach zu suchen oder Probleme zu lösen, sondern die Blockaden zu erkennen – und in die trennenden Tendenzen in der Sprache durch unsere innere Erfahrung einzutreten, sodass wir die Entfaltung dieses Impulses freigeben und zulassen können.

Transformation erfordert Vertrauen ins Leben

Transformation findet allmählich statt. Für die meisten von uns ist es eine schrittweise, evolutionäre Entwicklung. Anfangs haben wir Zugang zu einem kleinen Teil, finden ein Eintrittstor in unser Herz, in unsere Authentizität und in wahre Lebendigkeit. Dann finden wir einen Weg, wie wir mehr und mehr dort leben können. Immer mehr davon wird für uns zugänglich, entfaltet sich und wächst. Und dann entwickeln wir uns immer weiter und leben zunehmend aus unserer Authentizität heraus. Dieser Prozess erfordert Vertrauen ins Leben und in uns selbst.

Intelligenz im Herzen

Wenn wir uns wandeln, wandelt sich auch die Funktion des Verstandes. Wir erleben eine radikale Neuausrichtung dem Verstand gegenüber. Das Denken wird zum Hilfsmittel und Instrument genau jener Energie, die sich als Kreativität ausdrückt. Wahre Kreativität des Denkens kommt aus dem Herzen. Wahre und authentische Kommunikation entsteht, wenn unsere Worte diese Energie transportieren. Worte tragen und übermitteln diese Energie. Worte werden sodann zu Werkzeugen des Herzens, wie in Gedichten und Liedern. Authentische Intelligenz drückt sich aus, wenn sie ihren Platz in einem tiefen, authentischen Erleben hat. Dann wird Denken zum Instrument des Ausdrucks tiefer Authentizität.

Transformation vom Denken ins Sein

Wenn ich Transformation erlebe, findet eine tiefgreifende Veränderung statt. Ich verwandle den Sitz meiner Identität vom Denken ins Sein. Mein Erleben wird nicht mehr durch den denkenden Verstand vermittelt. Ich habe in der Tat eine direktere, authentischere Erfahrung und Austausch mit dem Leben selbst.

In der zeitlosen Gegenwart leben

In der vollkommenen und präsenten Dimension der Schönheit zu leben, die unseren Bedürfnissen innewohnt, bedeutet, in der zeitlosen Gegenwart zu leben. Dafür ist es erforderlich, den lebendigen Prozess zu verlangsamen, was bedeutet, von einer unbewussten, gewohnheitsmäßigen Art des Gesprächs zu einem absichtsvollen Gewahrsein im Miteinander zu wechseln und die offene, verletzliche Realität deines Seins zu offenbaren.

Das Herz als Zeuge des Heiligen im Andern

Wenn wir unsere Gefühle und Bedürfnisse offenbaren, werden wir verletzlich und offen für den Ort in uns, der große Tiefe besitzt. Wenn wir diese Tiefe in einem anderen auf eine lebendige Art erleben, sie nicht nur mit unseren Augen sehen, sondern mit unserem Herzen, ist unser Herz Zeuge des Heiligen im anderen Menschen.

Unsere ursprüngliche Natur zeigt sich als innere Präsenz. Unser inneres Wesen möchte angesichts von Präsenz einfach gegenwärtig sein und im sich entfaltenden Leben erblühen.

Jede Reaktivität ist eine Gelegenheit, präsent zu sein. Tief verinnerlichte Glaubensmuster verhindern, dass das Leben erblüht. Jede Erfahrung von Reaktivität ist eine Chance. Ich bin am lebendigsten und verbundensten, wenn ich die reaktive Erfahrung als eine Chance betrachten kann, lebendig zu sein und zu heilen.

Verbindung mit mir selbst umfasst, mir meiner gegenwärtigen Gefühle und Bedürfnisse bewusst zu sein. In diesem Prozess gibt es nichts zu erreichen, kein Ziel. Es gibt nichts, wo man ankommen müsste, nichts zu tun, außer einfach präsent zu sein. Der

Versuch, den nächsten Moment zu erreichen, in der Hoffnung, dass er besser wäre, lässt viel innere Spannung entstehen.

Es gibt keinen Ort, den es zu erreichen gilt. Ich meine damit: Dies ist der Moment! Für mich ist genau das der tiefgründige Eintritt in den Raum bedingungslosen Selbstmitgefühls. Es ist nichts, was sich intellektuell erfassen lässt. Es erfordert ein Eintreten auf vollkommen gefühlte, verkörperte, bewusste und präsente Art und Weise.

Geheimnisvolle Hingabe

Durch das Eintrittstor des Geheimnisvollen betrete ich den Raum des Miteinanders, inmitten der Angst und durch die Angst gebe ich meine Aufmerksamkeit dem Leben hin, welches in mir und im anderen widerhallt.

Ein entscheidender Teil dieser *Gewahrseins-Praxis* ist die Fähigkeit, zu erkennen, wann du verbunden und wann du unverbunden bist. Auf mindestens drei Ebenen haben wir Hinweise dafür. Auf der Ebene des Denkens, auf der Ebene des Fühlens und auf der Ebene des Körpers. So weiß ich, wann ich vollkommen mit dem Leben verbunden bin. Ich bin dann entspannt, habe ein Gefühl des Friedens in mir, spüre ein Leuchten, das von mir ausgeht. Wenn ich nicht in diesem Zustand bin, bin ich in einem reaktiven Zustand. Ich fühle mich taub, nervös, wütend und ängstlich.

Diese „Vereinigung" oder „Zusammenkunft*" ist am wertvollsten als eine Praxis zu verstehen und nicht bloß als intellektuelles Konzept. Eines der Elemente, das nötig ist, damit jene Art der Verbindung entstehen kann, ist ein offener Raum in mir in

* Anm. d. Übers.: engl. Original „communion", heilige Verbindung, heilige Zusammenkunft.

Bezug auf die andere Person. In diesem offenen Raum sehe ich die andere Person durch ihre Bedürfnisse oder das Leben, das sie ausdrückt, als wertvoll; und als nächstes sehe ich, dass das Leben, das die andere Person durch ihre Bedürfnisse ausdrückt und mein Leben aus der gleichen Quelle kommen – der Quelle göttlicher Lebensenergie.

Wenn ich wahrhaftig eine Verbindung zu einer anderen Person suche, dann liegt meine primäre Absicht nicht auf dem Ergebnis, sondern darin, mich mit dem *Leben* in ihr zu verbinden. Wenn ich die Absicht vervollkommne, mich mit der Lebensenergie eines anderen Menschen zu verbinden, hilft mir das an und für sich – unabhängig von einem Ergebnis – zu sein. Was ich möchte, ist eine Verbindung mit *dir*. Das ist meine Absicht. Ich möchte, dass du offenbarst, was am lebendigsten und wirklichsten für dich ist und ich möchte, dass wir einen Ort erreichen, an dem diese Qualität für uns beide gleichermaßen von Bedeutung ist.

Inneren Raum schaffen

Wenn wir in unseren Reaktionen feststecken, gibt es nur wenig oder keinen inneren Raum. Atmen und Achtsamkeit unterbrechen die gewohnheitsmäßigen Muster und helfen uns, inneren Raum zu schaffen.

Es ist eine radikale Veränderung, jede Reaktivität, die wir erleben, zu umarmen und sie nicht zum Feind zu machen. Anstatt zu sagen: „Ich muss darüber hinwegkommen, es loswerden“ oder „Ich muss das heilen“, wenden wir uns unserer Reaktivität zu und betrachten sie als Lebensenergie, die sich in uns ausdrückt und sagt: „Sieh mich, lass mich zu.“ Unsere Befreiung, unsere

Freiheit liegt darin, uns unseren größten Ängsten mit einem zulassenden Gewahrsein zuzuwenden. Uns auf diese Weise dem zuzuwenden, was wir als Hindernis in unserem Leben wahrnehmen, ist ein Akt des Selbstmitgefühls.

Jenseits der Schleier des Gewöhnlichen liegen Wunder und Schönheit mitten in jedem lebendigen Moment.

Dank

Ich bin zutiefst dankbar für die Inspiration und das tiefgründige Lernen, das ich durch Marshall Rosenberg, den Urheber und Gründer der *Gewaltfreien Kommunikation*, erfahren habe. Marshall hatte und hat einen unermesslichen Einfluss auf die Qualität meines Lebens und das, was ich durch meine Arbeit anbiete. Der Geist und die Spiritualität, die ich von Marshall und der *Gewaltfreien Kommunikation* integriert habe, durchströmen das komplette Buch.

Ebenso möchte ich mich bei Phyllis Brzozowska bedanken. Sie hat viele Stunden damit verbracht, mir zu helfen, die ursprüngliche Fassung „Täglicher Reflektionen" (daily reflections) zu einem 9-Monats-Kurs, den ich bei der NVC Academy angeboten habe, zusammenzustellen. Die Erinnerung an unsere Zusammenarbeit erfüllt mich mit Wärme und ich bin zutiefst dankbar für ihre stabile und beständige Partnerschaft im Teilen der Arbeit „Leben im Mitgefühl" (Living Compassion).

Ich bin Simone Anliker, Greg Books-English, Filipa Hope und Amy Diener für ihr unschätzbar kostbares Feedback, ihre Vorschläge und das Editieren dieses Buches dankbar. Zudem spendeten sie die unsichtbare, aber tief gefühlte Präsenz ihrer Liebe und ihres Vertrauens in mich und meine Arbeit, die ich in der Welt anbiete und teile.

Wallace Brazzeal möchte ich für die Unterstützung durch seine Expertise bei der eigentlichen Veröffentlichung und bei der Gestaltung des Buchumschlags danken. Ebenso danken möchte ich Katherine Brazzeal für ihre von Herzen kommende Hilfe in der Abschlussphase des Buches. Sie stellte den Kontakt zwischen mir und ihrem Mann Wally her.

Unendliche Dankbarkeit möchte ich meiner Frau Ruth Joy gegenüber ausdrücken, für ihre uneingeschränkte Liebe, Unterstützung und ihr tiefes Vertrauen in jeden Aspekt meines Lebenswerkes.

Robert Gonzales

Robert Gonzales' Reflektionen zu *Ein Leben in Mitgefühl* sind das Ergebnis seines lebenslangen Forschens nach der Schnittmenge zwischen Spiritualität und menschlicher Kommunikation – inspiriert wurde er dabei von Marshall Rosenberg (Gründer der *Gewaltfreien Kommunikation*), Stephen R. Schwartz (Schöpfer der *Compassionate Self-Care*) sowie weiteren spirituellen Lehrern.

Robert Gonzales erhielt 1989 den Doktortitel in Klinischer Psychologie. Er arbeitete für viele Jahre als Therapeut und bot individuelle Beratung und Paarberatung an. 1985 begegnete er Marshall Rosenberg und begann daraufhin 1986, *Gewaltfreie Kommunikation* zu unterrichten.

Das Buch *Ein Leben in Mitgefühl* hat Robert Gonzales aus einer Integration von verkörperter Spiritualität und Gewaltfreier Kommunikation entwickelt. Seine Trainings bieten Wege an, tägliche Praktiken zu entwickeln, um das Leben in seiner Gänze zu leben. Die Praktiken sind im Mitgefühl für sich und andere verankert.

Als zertifizierter Trainer hat Robert Gonzales am *Center for Nonviolent Communication* als Assessor und Vorsitzender des Vorstandes mitgearbeitet und leitet dort die *International Intensive Trainings* (IITs). Er war einer der Mitbegründer des *NVC Training Institute* und gründete 2010 das *Center for Living Compassion,* eine gemeinnützige Organisation, über die er seine Trainings anbietet (http://www.living-compassion.org).

Arbor Verlagsprogramm

Umfangreiche Informationen zu unseren Themen, ausführliche Leseproben aller unserer Bücher, einen versandkostenfreien Bestellservice und unseren kostenlosen Newsletter. All das und mehr finden Sie auf unserer Website.

www.arbor-verlag.de

Mehr von Robert Gonzales:

www.arbor-verlag.de/robert-gonzales

Arbor Seminare

Die gemeinnützige *Arbor-Seminare gGmbH* organisiert regelmäßig Seminare und Weiterbildungen mit führenden VertreterInnen achtsamkeitsbasierter Verfahren. Zudem informiert sie über aktuelle Entwicklungen in diesem Bereich und trägt Achtsamkeit auf diese Weise nachhaltig in die Gesellschaft. Nähere Informationen finden Sie unter:

www.arbor-seminare.de

Arbor Online-Center

Mit dieser Plattform hat Arbor einen virtuellen Ort der Inspiration und des Lernens rund um das Thema Achtsamkeit geschaffen. Lernen Sie die AutorInnen unserer Bücher und die ReferentInnen unserer Veranstaltungen kennen: in Interviews, Vorträgen, Meditationsübungen, Webinaren, Podcasts sowie Online-Kursen und zahlreichen weiteren Ressourcen.

www.arbor-online-center.de